新・歴史をさわがせた女たち

永井路子

朝日文庫

本書は一九八九年十一月、文春文庫より刊行されたものです。

新・歴史をさわがせた女たち ● 目次

新・歴史をさわがせた女たち

謎の女帝第一号

推古天皇

女性大使第一号、女性大臣第一号、女医第一号……。とかく女性の第一号は話題になる。が、そんな騒ぎを、

「何サ、そんなこと珍しがって」

せせら笑っておいでの方が、多分、いるはずである。彼女の言い分を聞こう。

「大使だの大臣なんてケチくさい話はおよし。この私をごらん、私は女帝第一号よ」

うわッ。これはすごい。しかも女帝はさらに仰せられる。

「エジプトのクレオパトラみたいな大昔の話を除けば、あたりを見廻してみても、中国にも朝鮮半島にも、女帝はまだいなかった。つまり、私は日本どころか、東洋の女帝第一号なのよ」

その女帝とは推古《すいこ》天皇。おおせのとおりである。中国に則天武后《そくてんぶこう》が出現するのは六

九〇年だから推古さまの方が、たしかに先輩だ。新羅《しらぎ》にも、善徳《ぜんとく》女王（六三二即位）、真徳《しんとく》女王（六四七即位）の二人の女帝がいるが、推古の即位は五九二年だから、これもこちらが、ひと足お先である。しかし、今から約千四百年前のお方とあって、その生涯は謎《なぞ》にみちている。

「はて、あなたはどういうお方か？」

と申しあげれば、女帝は艶然《えんぜん》と笑って仰せられるであろう。

「私の謎？　解けるものなら解いてごらん」

では、勇気を出して、謎にセマってみることにしよう。

推古天皇のもとの名は額田部《ぬかたべ》皇女。その名のしめすように、欽明《きんめい》天皇の皇女である。母は重臣、蘇我稲目《そがのいなめ》の娘、堅塩媛《きたしひめ》。このころの蘇我氏は新興の大豪族、どんどん頭角を現わし、娘を欽明天皇のきさきとしたのを手はじめに、以後、歴代天皇と娘を結婚させている。

額田部皇女は、こうして生れた蘇我氏の血をひくオ姫サマ。大変な美女で、しとやかだった。そこを見こまれたか、十八歳で結婚する。相手は同じく欽明天皇を父とする皇子――と聞いて、

「エエッ！　近親相姦《そうかん》？」

などと眼を廻してはいけない。そのころは、母が違えば、結婚することに何の差し障《さわ》りもなかったのだ。

これには、当時の結婚生活を考えに入れなければならない。そのころの男性の多くは、妻訪婚《つまどいこん》といって、結婚相手の女性を訪ねてゆき、一夜をともにしては又自分の家に帰ってくる、という形式をとっていたようだ。今夜はA家のA嬢、明日はB家のB嬢、といったことはもちろんある。ABどころかCDEF……XYZ。マサカ！　それほどではないにしても複数の妻がいる。つまり別居結婚なのである。子供が生まれれば、それぞれの妻の家で育てられるから、父親が同じでも、A家の子とB家の子との間には、きょうだいという意識がない。少し離れた所で生活していれば、顔をあわせることもほとんどなかったのではないか。だから、年頃がくればお互いを結婚相手として考えても不自然ではなかったのだ（その代り母が同じ兄妹が恋をすれば、これは今と同じ近親相姦できびしい制裁をうけた）。

では、天皇の場合は？　あるいは、普通と違うかもしれない。そこがどうもはっきりしないのだが、少なくとも、中国の皇帝のように、ハーレムを作って、おきさきをひと所に集めていた、というのではないようだ。だから、プリンセス・額田部が幼少のころ、どこに住んでいたのか、実のところは、はっきりしない。

「結婚するまでの私が、どこにいたかわかる？」
もし女帝にこう尋ねられたら、頭をかいてひきさがるよりほかはないのだ。美女だったというほか、彼女のことはほとんどわかっていない。ただ、最近の学者の研究では、お母さんの堅塩媛の実家である飛鳥《あすか》の里のどこかであったに違いない、ということになりつつある。彼女をめぐる第一の謎は、千四百年たった現在、少しずつ解かれはじめているようだ。

さて、結婚した後、額田部がどこに住んだのか。一説には、耳梨《みみなし》山のほとりだともいう。夫の譯語田渟中倉太珠敷《おさだのぬなくらのふとたましき》のいたのは、百済《くだら》の大井《おおい》というところで、これも一説によれば現在の橿原《かしはら》市だというから、訪ねてくるには手ごろな距離である。

ところで夫のオサダノヌナクラ……という舌を嚙《か》みそうな名前を憶える必要はない。この皇子は、額田部と結婚してまもなく天皇になる。敏達《びだつ》天皇がそれである。

この結婚と即位の関係はちょっと微妙である。すなわち、史料を整理してみると、

五七一年　欽明（額田部の父）死
　　　　　額田部結婚（十八歳）
五七二年　敏達即位

という順になる。欽明天皇がなくなったので、天皇家と縁の切れるのを恐れた蘇我

氏が、有力な後継者であるオサダに慌《あわ》てて額田部を押しつけたのか、オサダが蘇我氏の支援を取りつけようとして額田部と結婚し、その力をバックに、即位に成功したのか。このあたりは第二の謎といってもいいのだが、とにかく、美少女額田部が、重要な切札の役目を握っていたことは確実である。

さて、第三の謎は、両者の夫婦仲である。蘇我氏は以前から仏教信者だった。が、敏達はこの宗教にあまり理解をしめさなかった。額田部は蘇我の血をひいているから、もちろん仏教を信じている。

——だから、二人は宗教的信条を異《こと》にしていた。

と見る人もいるのだが、額田部は夫との間に二男五女をもうけている。二人の仲はかなり睦《むつ》まじかったのではないか。じつは敏達には、額田部よりも先に妻としていた女性が何人かいた。即位して四年めに、その中の一人、息長《おきなが》氏出身の広姫《ひろひめ》が皇后（第一夫人）になるが、翌年広姫が死ぬと、他の夫人を押しのけて、彼女が皇后になる。あまりにあわただしい皇后交替劇で、何か怪しげなものも感じさせられるが、ともあれ母の実家の力がものをいったのではないか。それとも、宗教的信条を超えて、美しい彼女は敏達の心をとりこにしていたのか……

もっとも、ここで宗教の問題をココロの問題とみるのは考えものだ。当時仏教反対の急先鋒《せんぽう》は、旧豪族中最大の有力者、物部《もののべ》氏だった。物部氏は、新興勢力の蘇我氏が異国の仏を尊崇するのが気にいらなかったらしい。そこで逆に敏達を説き伏せ、仏教追放の詔《みことのり》を出させ、蘇我氏の造った仏殿を焼き、仏像を投げ棄《す》ててしまった。

ところが間もなく天皇は病気になってしまった。一方の蘇我氏は当時稲目は死んでその子の馬子《うまこ》の時代になっていたが、この馬子も病気になった。そこで、

「私の病は、仏の力に頼らなければ癒りません」

と言ったので、敏達も、馬子のみに仏教を信じることを許した（ただし、他の人々の仏教入信は依然として禁じたままであったが）。そのおかげで、馬子は健康を取り戻したらしい。どうもこのような経路を見ると、敏達は物部・蘇我の両勢力に挟まれて揺れ動いていたような趣《おもむき》がある。額田部も、二人の愛情はともかく、蘇我側の利益代表者としては心の安まらない日を送っていたのかもしれない。

ところで、敏達自身もやがて病が重くなって死んでしまう。三十の半ばに達しないままに額田部は未亡人になったのである。

「オカワイソウニ……」

と言えば、しかし、彼女は答えるであろう。

「何言うのさ。ほんとの私の時代がくるのはこれからなのよ」

強がりではない。たしかにそうなのだ。

「後家のがんばり」

というのは、後世の言葉だが、どうもこれは日本の伝統らしいのだ。夫のいる間よりも、むしろ夫の死後、俄然《がぜん》、女は強くなる。夫の分を含めて、彼女が一族の権威の象徴になるからだろうか。これ以後の額田部の存在はまさにそうだった。それも、かなり血なまぐさい謎につつまれながら、彼女は歴史のヒロインへの道を歩みはじめるのである。

＊

敏達の死の直後から、物部と蘇我の対立は露骨になる。葬儀に参列した蘇我馬子は武装した姿で弔辞を読んだ。それを見た物部氏の総帥《そうすい》守屋が嘲笑した。

「まるで矢に当った雀だな」

小柄な馬子が大きな太刀を帯びているのを笑ったものらしい。もっとも太刀だけでなく、矢も背負っていたとすれば、まさに矢の当った雀そのものだ。ともあれ、葬儀の場でも、油断なく武装していなければならないほど事態は緊張していたのだ。

今度は守屋が弔辞を捧げる番になった。馬子をからかったものの、その仕返しを考えると、彼も気が気ではない。恐怖に襲われ、手や足をぶるぶる震わせながら弔辞を読んだ。

すると馬子がすぐさま言った。

「体に鈴をつけたら、いい音で鳴るだろうよ」

悲しいお葬式の雰囲気など、どこかへ吹っ飛んでしまう状態だった。

『日本書紀』では敏達の死の直後、橘豊日皇子《たちばなとよひ》（欽明と堅塩媛の間の子、額田部の兄）が即位したと書いているが、実際にはそうすんなりときまったものではないらしい。敏達の皇子はたくさんいた。つまり天皇候補者はウヨウヨいたのだ。その中で台風の目の役をはたしたのが、実は額田部そのひとだったのだ。

では「台風の目」はこのときどうしていたか。ひたすら亡き夫、敏達のなきがらの側に侍《はべ》って祈り続けていた。当時は天皇が死ぬと、正式に埋葬するまで、かなりの期間殯宮《もがりのみや》というのを作って遺体を安置し、そこでさまざまの儀式を行うことになっていた。きさきたちは当然その主宰者である。額田部はこの殯宮に籠《こも》ったまま、敏達の霊を葬《とむら》いつづけていた。

ところが、そこに突然、一人の男が現われ、殯宮に飛びこもうとした。

「何をなさる」

門を守っていた三輪逆《みわのさかう》という男が、彼の前に立ち塞《ふさ》がって叫んだ。

「どこへ行こうとなさるのか」

「知れたこと、額田部姫に会いにゆく」

「会ってどうなさる」

「俺の心を打ち明けるんだ。俺の恋を、愛を」

エエッ。とんでもない。亡き夫の喪に服しているきさきに、愛を打ち明けるなんて！血迷ったかと思えるが、男は真剣であった。そう叫んだ彼は、穴穂部《あなほべ》皇子、同じく欽明天皇の息子だが、額田部と母は違う。母は蘇我稲目の娘、小姉君《おあねぎみ》。つまり異母兄妹だから、結婚の資格はないわけではない。

それにしても、あまりにも非常識！

その詮索《せんさく》は少し後にして、事件の経過を追ってみよう。

三輪逆は必死で穴穂部を撃退した。

「なりませぬ。お帰りください」

「うぬっ、お前なんかにそう言う権利はないっ。門を開け」

「だめです」

これを七度もくりかえしたというから、かなりの揉みあいもあったのだろう。力ずくで中に押し入ろうとした穴穂部は、額田部を手ごめにしてでも、わがものにしようと思っていたらしい。

逆の抵抗にあって、遂《つい》に中に入れずじまいだった穴穂部はぷんぷんして蘇我馬子と物部守屋に言った。

「逆は俺に抵抗した。失礼な奴だ。第一、あいつは、殯の庭で、自分だけが心をこめてお仕えしているおかげで平和が保たれている、というような弔辞を捧げている。思いあがりだ。あんな奴は殺してしまおう」

と、馬子と守屋は、

「御心のままに」

と答えた。もっとも二人の答には微妙なニュアンスの差があったようだ。馬子はここで反対するといよいよ事めんどうになると思って、言葉の上だけで「お好きなように」と言ったらしい。が、守屋の方は、穴穂部と組んで事を起すチャンス到来、と思ったようである。

はたせるかな、穴穂部と守屋は兵を挙げた。三輪逆を討つという名目だが、その動きを見ると、どうやら、皇位についた用明打倒が本心だったようだ。逆は逃れて三輪山の本拠に籠ったが、ここも危いと見て、近くの額田部の別荘に逃げこんだ。しかしとうとう彼とその子供二人は殺されてしまった。

何とも血なまぐさい話だが、それにしても、服喪中の額田部に、穴穂部が迫ったとはどういうことなのか。

「三十すぎのあなたは、それほど魅力的だったのですか?」

と問えば、彼女は謎めいた微笑を頰に浮かべることだろう。が、この謎解きは比較的簡単だ。じつは、このころの皇后という存在はなかなか重要で、政治的な発言力もあった。だから、皇后をわがものにしてしまえば、その男は天皇にもなることができたのである。つまり、穴穂部は、手っ取り早いこの道を選んだのだ。

——うまく額田部を口説《くど》き落せば、俺《おれ》が天皇になれる。

色と欲との二筋道《ふたすじみち》、とわかれば、その分、彼女の魅力を割り引かねばならない。

ところで——。

実は、最近になって、もう一つ、ひそひそと囁《ささや》かれている噂がある。

「もしかすると、三輪逆は、額田部を熱愛してたんじゃないか」

『日本書紀』が、彼を「寵臣《ちょうしん》」という、ただならない書き方をしているのが怪しいというのである。さあ、この謎の方はどうだろうか。こちらは問い直してみても、あまりにプライベイトな問題だけに謎は解けそうもない。もしかすると、彼女は逆の憧《あこが》れの女性だったので、騎士的な気持から、命を賭けてクイーンを守ったのかもしれないのだが……

そう考えると、少し意地の悪い想像も成り立つ。穴穂部が妙に勘ぐった噂を流しはじめた以上、額田部は、ひそかに、逆がこの世から消え去ることを願っていたのではないか。彼が命を絶たれたと聞いたそのとき、にんまり笑ったのは額田部自身ではなかったか。

それはあまりにも意地の悪い偏見――とお思いになるかもしれないが、じつをいうと、このころから、額田部は女王らしい冷酷さを発揮しはじめるのだ。

逆の殺されたころからか、兄の用明天皇はすでに重病に陥っていたらしい。そして翌年、たった二年ほどの治世で、あまり政治的手腕を発揮せずに死んでしまうと、兄に代って額田部は即座に馬子に命じる。

「穴穂部皇子とその弟を誅殺《ちゅうさつ》しなさい！」

これを機に、古代史屈指の戦乱が巻きおこるのだ。彼女はまさに戦乱の女王、その戦いの歴史的な意味を思えば、アルゼンチンに挑戦した「鉄の女」サッチャー首相の比ではない。

この戦いは、本質的には穴穂部を支援する物部守屋と、彼女を担いだ馬子の決戦だった。結局、穴穂部・守屋側が敗れ、蘇我氏の覇権《はけん》が確立するのだが、天皇家内部の動きで見ると、稲目の娘の堅塩媛系と小姉君系の戦いということになる。このとき、小姉君系は分裂し、半ばは堅塩媛系についてしまった。

図を見るとおわかりのように、亡き用明が穴穂部間人皇女《はしひと》をきさきにしていたので、その間に生れた聖徳《しょうとく》ほかが全部、馬子方についてしまったからでもあるが、もう一人注目すべきは穴穂部の弟泊瀬部《はつせべ》だ。

どうやら額田部は彼に、

「こちらにつけば、次の天皇はあなたよ」

と囁《ささや》いたのではないか。案の定、乱の後に彼女の指名によって泊瀬部は即位する。崇峻《すしゅん》天皇である。

穴穂部誅殺といい、このキング・メーカーぶりといい、額田部はまさに蔭の帝王だった。系図で見るように額田部を担ぐ馬子は、じつは彼女の伯父でもある。この伯父はどういうものか、堅塩媛系と仲がよく、小姉君系には少しよそよそしい。この謎も、じつは額田部に聞きただしたいところである。

「何でオジサマはあなたばかりひいきにしておられたの？」

そう聞いたら、何と答えるか。なかなか微妙な問題ではあるまいか。もともと堅塩媛系びいきの馬子が崇峻が皇位につくのもやむを得ないとしたのは、やはり穴穂部を孤立させるための作戦だったらしい。はたせるかな、崇峻は五年ほどの後、馬子の送った刺客に暗殺された。しかも馬子は事件後、その刺客を口実を作って殺してしまったから、真相は闇に葬られた感じである。

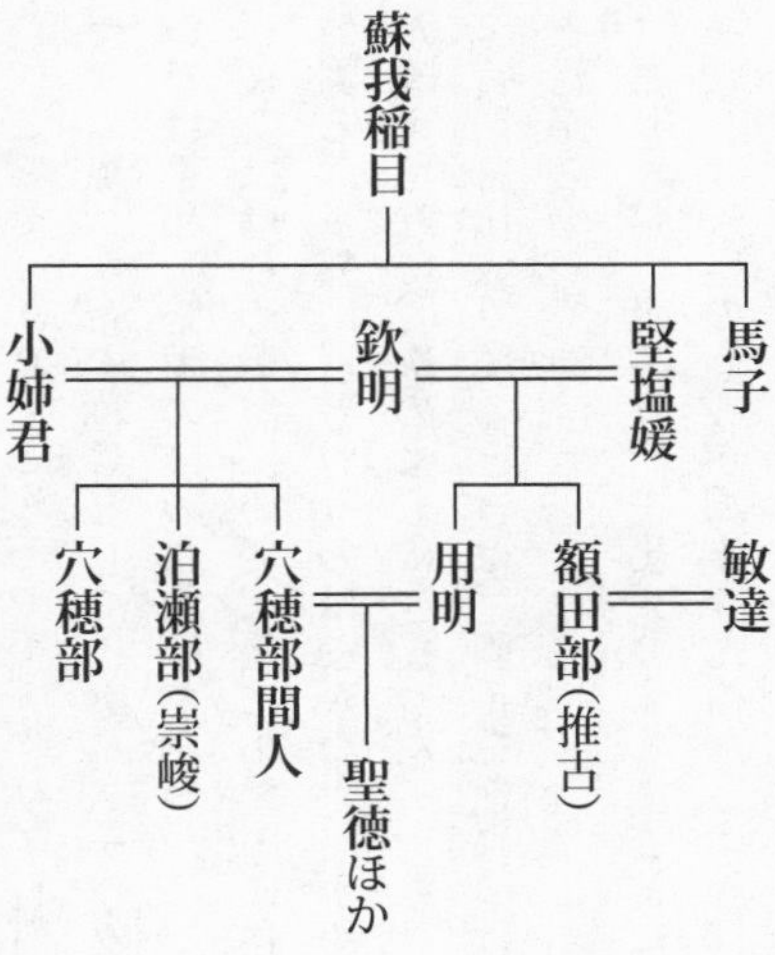

この事件に額田部が関与していたという証拠はどこにもない。しかし、これまでのいきさつを考えれば、無関係だと考える方がむしろ不自然ではないか。

その直後、彼女は即位する。まさに血ぬられた帝位に辿《たど》りつくのだ。こうして女帝推古が誕生する。もっとも「推古」というのは後につけられた諡《し》号《ごう》（おくり名）だ。諡号にはもう一つ、日本風のがあり、これは豊御《とよみ》飯炊屋姫《けかしきやひめの》尊《みこと》、ごちそうがたくさんあって、それを台所でお作りになった、という、一見グルメ・マダム風。女帝の称号としてはドメスチックな匂いがするが、このころ御馳走いっぱいとは平和・繁栄のほめことばであった。

彼女ははじめ豊浦《とゆら》にいて、後に小墾田《おはりだ》に移ったという。どちらも現在の明日香《あすか》の中である。小墾田宮というのはなかなかいかめしかったらしい。このころ朝廷のマナーが改正されて、次のようにきまった。

「宮門を出入りするときは、両手を地につけ、両脚をひざまずいて門の敷居を越え、それから立ってゆけ」

こりゃ驚いた。宮門を出入りする度ごとに四ン這《よつば》いにならなきゃならないなんて。それだけ天皇の権威が高まったのだとすれば、クイーン・グルメ、推古女帝は、まさに神のごとき存在になったというのか。

ところが、である。

このごりっぱなクイーンの存在が大きな謎の霧に包まれるのはこれからなのだ。これまで謎の部分はありながらも、かなりアウトラインのはっきりしていた彼女が、ふしぎなことに、何ともわけのわからないお方になってしまうのである。

＊

一つの大きな謎は、女帝になってからの彼女が何をやったのか、はっきりしないのだ。『日本書紀』には、即位と同時に甥《おい》（兄用明の子）の厩戸皇子《うまやど》が皇太子になったと書いてある。すなわちこれが聖徳太子である。以後聖徳太子が摂政《せっしょう》となり、万機を委《ゆだ》ねられた、と書いてある。

だから、これまでの歴史家の多くは、推古朝の政治のほとんどは太子のやったことと見ている。有名な冠位十二階の制定、十七条の憲法の発布、新羅《しらぎ》進攻（一度は成功、以後は挫折）、隋《ずい》との国交開始、仏教興隆――すべて太子の業績だ、というのである。

では、女帝は何をしたのか？　と問えば、

「何もしなかったみたい」

と答える学者が多いのではないか。

「どうして？」

とさらに聞けば、多分答は、

「だって、女だもの」

ということになるのではないか。

しかし、そうだろうか。ついこの間まで、穴穂部を殺せと命じたり、キング・メーカーをつとめたり、多分崇峻暗殺にも無関係ではなかった四十がらみのオバサマが、即位したとたん、

「あたし、政治なんてしイらない。聖徳ちゃん、全部おまかせよ」

なんて言うだろうか。どうも信じられない。

とはいうものの、女帝についての謎はそれだけではない。それどころか、もっと大事な、女帝の存在じたいが消えてなくなりそうな、重大な問題が戦後になってクローズ・アップしてきているのである。

この重大な謎の鍵を握るのは『隋書《ずいしょ》』という中国の歴史書だ。『魏志《ぎし》』という中国の歴史書が、卑弥呼《ひみこ》のブームを起したように、戦後の日本では、外国の歴史書が、かなり重要視されているが、『隋書』にも、じつは『日本書紀』にないことが書いてあって、大いに興味をそそるのだ。この本によると、西暦六〇〇年に、日本から使がやってきたという。『日本書紀』では六〇七年に、小野妹子《おののいもこ》が隋に出かけたのがそもそものはじまりということになっているが、それより前にも使は行ったらしいのだ。

その本にはこうある。

「六〇〇年に倭王《わおう》タリシヒコが使をよこした」

倭というのは日本のことだ。しかもこの使の話は全く珍妙だった。

「倭王は天を兄とし、太陽を弟としています。王は夜の明ける前に政《まつりごと》をきき、日が出ると、あとは弟の太陽にまかせるといって政をやめます」

隋の人々はあっけにとられた。

「何のことだ、ちーイともわからん」

これには通訳のまちがいもあったかもしれないが、倭国はひどく原始野蛮な国だと思われてしまった。

「話にならん。国交を開くにはそれなりのエチケットがある。帰れ帰れ」

と追い返されてしまったらしいのだが、このとき倭の使は聞きずてならないことを言っている。

「王の名はアメノタリシヒコ、妻の名はケミ、後宮には六、七百人の女性がおります」

なぬ？

今度は我々が驚く番だ。六〇〇年ならまさしく女帝推古の統治時代である。その女帝に奥サンがいる、だって？　しかもハーレムに六、七百人の女性が？……

ボー然、やがて気をとり直し、女帝の許《もと》に駆けつけるよりほかはない。

「女帝さま、一大事でござりまする。あなたさまが消えてしまいました。それともあなたさまは性転換なさったのでしょうか」

女帝、にんまり笑って答えず、ああ千四百年の隔《へだ》たりとは気の揉《も》めるものである。

これについては学者も辻褄《つじつま》をあわせようとして必死である。

一つの説は、使を出したのは聖徳太子で、正式に国交を開く前にちょっと瀬踏みをしたのだというもの。使とすれば主人は？　とたずねられれば、当然、聖徳太子について語ったろう。妻がケミというのも、その妻の一人に菩岐岐美《ほききみ》という女性がいるから、似ていないこともない、と。

もう一つは、話があまり原始的だ。おそらく九州あたりの首長の使が行ったもので、大和の推古王朝とはカンケイないだろう、という説。なるほど、これはさっぱりとわかりがいいが、しかし、隋はこの倭とその後使を往復させる倭を同一の国と考えているようだから、この考え方もどうだろうか。

『日本書紀』は触れていないが、その後も何度か瀬踏みの交渉があって、日本側は外交のやり方がわかったらしい。冠位十二階もそのことと関連づければなるほどという気がする。大使はしかるべき位を持っていなければ正式に扱って貰えない、と知って、急いで制度をととのえたのではないか。

さて、いよいよ六〇七年、小野妹子の出発である。位は大礼《だいらい》というから後世の正六位上に相当する。いろいろ情報を集め、エチケットも身につけてからの訪問だから、今度は国交も成立し、隋の使、裴世清《はいせいせい》以下十二人を連れて帰ってきた。この裴世清は文林郎《ぶんりんろう》という肩書だから従八品《じゅはっぽん》、かなり下ッ端の役人だ。大国隋にしてみれば、妹子が大礼なら、このくらいでちょうどいいと思ったのだろう。

このときの日本の歓迎は涙ぐましいものがあった。筑紫《つくし》まで出迎えの役人をやったり、難波《なにわ》では新しい迎賓館《げいひんかん》に迎えいれたり、いよいよ都入りの当日は七十五頭の騎馬と楽隊のマーチ付きだった。東京サミット以上の気の使いようだ。明治時代の鹿鳴館《ろくめいかん》さながらの歓迎は、隋の使に、

「日本も中国並みの文化国家だぞ」

というところを見せたかったのだろう。

ところが、この晴れの舞台にも、どうも女帝推古の姿は見えないのだ。じつは裴世清は、帰国してから、倭王に会ったと報告しているのだが、とりわけ女帝だったとは書いていない。中国でも例のない女帝だったら、ひと言ぐらい書いてもよさそうなのに……

かんじんなところで姿をくらましてしまうなんて、推古女帝とはいったいどういう

お方なのだろう。

学者もこの謎を解こうと頭をひねっている。ある説では、そもそも天皇が外国の使臣に直接会うはずはない、ということになっている。小野妹子だって、隋の皇帝に拝謁はしていなかったろうから、そのつりあい上、女帝も隋の使に会わなかったというのだ。裴世清はそれでは格好がつかないからデッチあげの報告をしたのだ、と……。そうかもしれない。

また別の説もある。もうこのころ、推古に仕える蘇我馬子と聖徳太子の間で外交上の意見の相違があり、対隋外交は、専《もっぱ》ら聖徳サイドで行われた、というのだ。そういえばこれより少し前、聖徳太子は飛鳥から斑鳩《いかるが》へ居を移している。電話もないそのころ、飛鳥の推古と毎日緊密な連絡がとれたとは思えない。国際問題にも知識の広かった聖徳太子は、中国大陸を統一した隋の動きに注目し、独自の路線を進みはじめたのかもしれない。

もともと小姉君系と反《そ》りのあわない馬子は、小姉君系の母を持つ聖徳太子にも好感を持っていなかったのだろうか。それに馬子は以前から半島との関わりが深かった。新興の大国、隋との交渉など思いも及ばなかったのかもしれない。そういえば、隋の使者が来た時、馬子たちがその場に出席したという確たる証拠もないのに反し、その二年後、新羅と任那《みまな》の使がやってくると、馬子やその息子の蝦夷《えみし》は歓迎の席にちゃんと出席している。その代りこのときの聖徳太子の姿はどうも摑《つか》めない。ということになると、馬子も聖徳太子も女帝そっちのけで勝手にやっていることになりそうだ。女帝はそれをぼんやりみつめていたというのか。

「女帝さま、あなたは全くのロボットでいらっしゃるのですか」

改めてこう問いなおしたくなる。もしその声が千四百年の歳月を超えて、その耳に届いたとしたら、案外彼女はこう言うのではないだろうか。

「ロボットかどうか、もう一度、『日本書紀』でも読みかえしてごらん」

なるほど、そこで少し頭を冷やして読み返すと、興味のあることに気がつく。聖徳太子に全権を委任したように思われているが、中には、はっきり、「彼女が命令した」と書いてあることもある。仏教を興隆させようとしたこと、新羅に出兵しようとしたことがそれだ。

一方、彼女の治世の中で、聖徳太子が行った、とはっきり書いてあるのは、実は十七条の憲法を作ったことと、歴史の編纂《へんさん》くらいのものなのである。冠位の制定や外交問題については、かんじんの「誰が」という主語はぬけているのだ。じつをいうと、十七条憲法については学者からいろいろ疑問が提出されている。中にはこれは後世のデッチあげだ、という人もいるくらいだ。そこまで言わないにしても、従来考えられているよりも、聖徳太子の業績は少ないのかもしれない。

とすれば、即位前の彼女と同じく、女帝推古は、ロボットどころか、かなりの影響力を持っていたのではあるまいか。こう考えるのに都合《つごう》のいい有力な援軍も現われている。というのは彼女の権力の基礎が次第に解明されつつあるのだ。

権力の基礎とはすなわち経済的基礎だ。いつの世の中も、カネがなくては戦《いく》さはできないのだ。この方面の研究が急速に進んできてわかったのは、彼女の名前のついた「額田部」が、全国にたくさんあることだ。この「部」が彼女の経済的基礎である。その上、彼女が皇后になったとき、私部《きさいべ》というのがはじめておかれた。これが彼女の皇后としての経済的基盤だ。その両方を併せると厖大なものになる、という学者の研究もある。その彼女が無力なロボットとは考えにくい。

それに、ごく最近のことだが、豊浦宮、小墾田宮の発掘も進んで、新発見も行われている。臣下が四ン這いで出入りした小墾田宮の宮門でも確認されれば、より心強いのだが。

こうした力のある女帝だとしたら、外交方面でも、馬子と聖徳の二頭立ての馬車を乗りこなし、うまくバランスをとりながら、御本人はするりとその場をはずして知ら

ぬ顔、ということも考えられる。知っているくせに、

「私、知らなかった。関係ないわ」

というのは帝王学の大原則でもあるのだから。

が、そう考えても解けない謎が一つある。それは最期に残した彼女の遺言だ。多くの子供を産んだが、どうも彼女自身の産んだ連中はみな早死してしまったらしい。七十五歳で死の床に横たわった彼女の側にいたのはやや遠縁にあたる二人の皇子だったが、それぞれに対し彼女はそのどちらにも皇位継承権がありそうな、妙に気を持たせる言葉を残した。おかげで皇位継承をめぐって、またまた飛鳥の朝廷は紛糾《ふんきゅう》することになる。最後の最後まで、謎を残して死んでゆくとは、彼女らしい人生の幕のひき方といえるかもしれない。

幻の女王
額田王

「大変な美女だといわれている。ただし肖像画は全く残っていない」

「年齢不詳、血筋もあまりはっきりしない」

もしこういう話を聞いたら、あなたは信用なさるだろうか。

「肖像画のない美女なんて！」

ウッソーと言いたくなるにきまっている。たしかにそのとおりだが、しかし昔の美女の多くは肖像画ひとつ残っていない。にもかかわらず、彼女たちが天下の美女と言われるのはなぜか？

一つには、恋人、または夫が有名人であることだ。つまり美人になる秘訣《ひけつ》は、美容体操やメーキャップより有名男性とのゴシップを製造することらしい。

その例の一つがクレオパトラ。彼女は当時の英雄シーザーと結婚し、その死後はこ

れもシーザーに劣らぬ勇将アントニウスの恋人になる。ところが彼女の実物はといえば、

「それほど見る人を驚かすものではなかった」

のだそうである。ヤキモチ屋のゴシップ記事ではない。『プルターク英雄伝』というレッキとした書物に書いてあるのだからたしかであろう。そして、日本史の中で、このクラスの「美女」を求めるとするならば、第一候補にあげられるのが額田王《ぬかたのおおきみ》だ。なにしろ恋人がすごい。はじめの恋人が天武《てんむ》天皇、それがいつのまにか入れかわって天武の兄の天智《てんち》天皇の愛人になってしまうのだ。もっとも、交渉を持ったのは両天皇の即位以前のことであるが……。二人の天皇に愛された女性という例はこのほかにもないわけではないのだが、彼女がとりわけ美しく華やかに見えるのは、その才能の輝きのためである。

クレオパトラも頭のいい女性だったが、額田はそれ以上にすぐれた歌の才能を持っていた。『万葉集』にある彼女の歌はなかなかの名歌で、まず『万葉』第一の女流歌人といっていいだろう。このきらびやかな才能が、彼女の美女伝説を支えていることもたしかで、有名男性獲得の見込みが薄い向きは、発プンして才女コースに挑戦すべきである。

ともかく、こうした才女の上に、二人の天皇に愛されたというのだから、話題にはこと欠かない。しぜん、人々の関心は彼女の恋愛問題に注がれる。

彼女はどういう形で天武と結ばれたのか。

またどうして天智の愛をうけるようになったのか。天武を振って天智の許《もと》に走ったのか、それとも、むりやり天智が奪っていったのか。もしそうだとしたら、その後、天武はどういう気持でいたのだろう。いや、それより、彼女のホントの胸のうちはどうなのか……

しかも、おあつらえむきに、意味ありげな歌が『万葉集』に残っている。『万葉』以外の史料にも、

「もしかすると、これは？」

と思わせるエピソードがある。

それらを寄せ集めて愛のロマンスを作りあげてゆくと、歴史上の大事件にぶつかってしまう。愛の相剋《そうこく》が、歴史的核爆発を起した、と見られないこともない、というわけである。そうだとしたら、まさに彼女こそ「歴史をさわがせた女」であろう。

その物語をはじめる前に、やはり彼女の年齢だけは見当をつけておきたい。唯一の手がかりは彼女の孫の葛野王《かどののおう》という人が七〇五年に三十七歳で死んでいることだ。こ

のことから逆算すると彼が六六九年の生れということになるから、そのころ初孫を見た額田を四十歳くらいと想定すれば六二九年ごろの生れと考えられる。すると天智より三歳下、つまり同時代の人間ということになるから、恋の相手としてはまずまずであろう。

父親は鏡王《かがみのおおきみ》という人だが、この人の経歴は全くわからない。額田の姉に鏡王女《かがみのおおきみ》(鏡姫王《かがみのひめおおきみ》とも書く)がいたといわれてきたが、最近では二人は他人と見られるようになった。

ついでにいうと、王とか女王というのは、たしかに天皇家の血筋に連なる人々だが、とりわけ特別扱いされていたわけではない。天皇の子供は皇子(親王)皇女(内親王)と呼ばれ、天皇から数えて五世までは王、女王と名乗ることができる。つまりかなり血の薄い王や女王もいるわけで、臣下なみに官吏にもなったし、鏡王のように何をしていたかわからない人物もざらにいた。現代の皇族と同じに考えない方がいい。

さて、額田もどこでどう育ったか、母は誰かもわからない。青春時代、若かりし日の天武天皇——当時の大海人皇子《おおあまのおうじ》と恋し、女児をもうけた。十市皇女《とおちのひめみこ》である。じつは大海人の生れた年もはっきりしないのだが、一応天智(中大兄皇子《なかのおおえ》)の年齢から考えて二十一、二、額田も二十歳前後と考えておく。十市は大海人の最初の子である。

一方、ライバルになる中大兄はどうか。美女を射とめてにやついている弟を横目でジロジロ見ていたろうか。いや、それどころではなかったはずだ。何しろ彼はその数年前に起した蘇我入鹿《そがのいるか》暗殺のクーデターの立役者だ。皇位にこそついてはいなかったが、腹心の藤原鎌足《ふじわらのかまたり》と組んで革新政治に夢中だった。どっちかというと、政治がメシより好きなタイプなのである。

もちろん彼をとりまく女には事欠かなかった。女の子もすでに二人は生れている。それに大海人の娘の十市と同じ年頃の男の子もいた。もっとも大海人だって額田にだけ純情を捧げていたわけではない。彼の周辺にも複数の女性はいたらしい。これは彼らがとりたてて不実な恋人だったわけではなく、当時の結婚のかたちがそうだったのだ。

まず恋しあった二人のうち、男の方が女の家を訪ねる。この訪問結婚を「妻訪婚《つまどいこん》」ということは前章でも触れた。朝がくれば、男は、

「じゃ、またね」

と、さよならを言う。翌晩来るときもあるが、別の女の所へいくこともある。これでは女の方がお気の毒みたいだが、しかし相手が来ないとならば、こちらにも別の男性を迎えいれる権利はあるのだ。

まことに不安定な感じだが、お互いを束縛しない、という意味では、結構楽しかったのかもしれない。生れた子は母親が養育する。というより母の家全体で養育するのだから心配はいらない。男は全く責任がないようだが、その代り、自分の姉妹の産んだ子——つまり甥や姪《めい》の養育には全力を尽さねばならない。

もっとも、天皇家のような上流階級になると、妻の中の一人とやがて同居するようになる。これが第一夫人——皇后であるが、他の恋人たちも決して日蔭者ではなくて、それぞれきさきの地位は保っていた。

多分年若い大海人は、まだ定めた妻のところに住みついてはいなかったらしい。だから額田とも朝晩顔をつきあわせていたわけでもなく、気ままな暮しを続けていたし、額田の方もそれを咎《とが》めるでもない——といった状態が続いていたのだろう。

しかも額田は才女である。宮廷で何かの集まりなどがあるとき、すばらしい歌を作って皆の賞賛を浴びた。

そんな彼女を、中大兄が見かけて、

「オホッ、これは……」

と眼をこすったとしたら？

彼は行動派である。早速《さっそく》アタックという想像は成り立つ。一夫一婦時代とはモラルの違うそのころのことだ。しかも『万葉集』には中大兄作と伝えられるこんな歌がある。

香具山《かぐやま》は　畝傍《うねび》ををしと　耳梨と　相争ひき　神代より　かくにあるらし　古も　然《しか》にあれこそ　うつせみも　妻を　争ふらしき（読みは小学館版日本古典文学全集による。以下同じ）

（香具山は畝傍山をいとしいと耳梨山と争った。神代もこうだったらしいし、昔からそういうものらしい。だからこそ、今の世の人間も妻を取りあって争うらしい）

なあるほど、正直すぎるほど正直に心の中を歌っているではないか。

そんないきさつがあって、額田はどうやら中大兄の愛をうけるようになったわけだが、では、大海人の方はどうだったのか？　彼は兄に比べるとやや控えめなたちだったらしいから、表立って「妻を争う」ことまではしなかったらしい。

しかし、こんな話がある。

中大兄が近江《おうみ》に都を遷《うつ》し、即位してからのことだ。あるとき酒宴を催したところ、その酒宴の半ばに、興奮した大海人が突然、長槍を床に突きたてるという事件が起った。

宴席は騒然、あわや、という雲行きになった。怒った天智（中大兄）は、大海人を殺そうとしたという。このときは藤原鎌足が天智をなだめて、その場はおさまったが、いったい大海人の怒りの原因は何だったのか。そういえば、そのころの歌として、『万葉集』はかの有名な歌を載せている。

あかねさす　紫野行き　標野《しめの》行き　野守《のもり》は見ずや　君が袖《そで》振る　　額田王

紫の　にほへる妹《いも》を　憎くあらば　人妻ゆゑに　我《あれ》恋ひめやも　　大海人皇子

これは五月五日、蒲生野《がもうの》に遊猟《ゆうりょう》したときの歌だという。五月五日は今は男の子の節句だが、そのころは野に出て薬草を摘んだり猟を行ったものだ。袖を振るのは恋人への無言のラブ・コールである。野の番人に見咎《みとが》められますよ、と、額田が言えば、

「何の何の、あなたが恋しいからこそ袖を振るのです。もし憎かったら、何で恋したようなことをするでしょう、もう人の妻になってしまったあなたなのに……」

大海人の返歌も熱烈である。とすれば、すでに兄の思いものになってしまった彼女を、彼はずっと恋い続けていたのだろうか。額田の歌にも人妻ながら、先の夫を思い気遣《きづか》う心がにじみ出ているではないか。

やがて、数年後、天智は病床につく。大海人を呼びよせて後事を託するが、大海人は辞退した。

「いや、万事は皇后倭姫にまかせられ、御子息の大友王がその命をうけて事を行うようになされればよろしい。私は出家して兄君のために祈りましょう」

ただちに剃髪《ていはつ》して吉野に向った。

が、これは大海人の本心ではなかった。その後まもなく天智が死ぬと、半年後には挙兵して、天智の遺児大友を敗死させてしまう。これが壬申《じんしん》の乱である。

遂に復讐はなされたのだ。恋人を奪った憎い兄を直接殺すことはしなかったけれども、兄の築きあげた近江朝廷は、大海人の手によって、一瞬のうちに崩されてしまったのである。

とすれば、まさしく、額田こそ壬申の乱の発火点、もし彼女が中大兄によろめかなかったら? いや、額田そのものがこの世にいなかったら、あの大戦乱は起らなかったのではないか——と、いう具合になる。じじつ、そう考えた昔の学者もあった。

が、近頃になって、

「異議ありっ」

という声が起きてきた。古代ロマンの女王にかげりが現われたのである。

＊

反論はまず、有名な蒲生野の歌について始まった。

あれは遊猟の宴で歌われた、一種のおたのしみソングだというのである。そっと手渡された隠された恋の歌ではなく、誰でも知っている、大海人・額田・中大兄の昔の恋を持ちだして、額田一流のテクニックで恋の歌を謳《うた》いあげ、宴の雰囲気を盛りあげ、大海人もそれに応《こた》えたのだ、と解釈するのだ。

「第一、おトシを考えてごらんよ」

言われて年表を取りだしてみると、天智はすでに四十三歳。あとの二人も推定だが四十がらみ、かなりのオジン、オバンなのだ。

とたんにロマンの夢は醒《さ》めはてる。今でこそ四十女もそう棄てたものではないが、当時の四十は、現代ならさしずめ五十半ばというところであろうか。いまさら恋の、愛の、と本気で騒ぎたてるのは照れくさい。

もっとも、額田ファンはゴマンといるので、そういう説を聞いて、

「何とけがらわしい!」

自分の恋にケチをつけられたようにいきりたつ人もいる。

「二人の恋は純粋よっ」

しかし、そうだろうか。私はやはり首をかしげたくなる。額田の歌がうますぎるからである。

何と美しく、華やかな歌であろうか。五月《さつき》晴れの野に馬を走らせる若い狩人《かりゅうど》たち。それを見守る宮廷の女官《にょかん》たち……。そういう雰囲気全体を、女性代表として歌った、と考えても悪くはない。もともと、額田は歌の代表選手であり、選ばれて歌を作ることは馴れているのだから。その一つに有名な、

「冬ごもり　春さり来れば……」

がある。春と秋とどちらの風情《ふぜい》が優れているかを、宮廷でコンテストさせたとき、

「私は秋が好き!」

と歌ったのがそれだ。そういう才女に、間髪を入れずに応じた大海人もなかなか隅にはおけない。何しろ「人妻に恋する」というのは、恋の永遠のテーマの一つだから、

すかさず、そうお返しをしたのかもしれない。

しかも、それぞれの胸には思い出がある。

「初恋の痛みを遠く思い出づる日……」

である。

そのかすかな痛みを戯《たわむ》れの中にひそませているところがニクい。逆にいえば、そのうまさが、イマイチ本気でないものを感じさせるのである。

それよりもっと大事なのは、壬申の乱と額田のかかわりあいだ。

彼女はほんとうに、壬申の乱の発火点なのか？　今はもうそんなことを本気で考えている人はいないだろう。あの事件は単に女性がらみで起ったものではない。問題はもっと深刻だ。これは一つには王位継承戦である。天智は内心、わが子大友に皇位を譲りたがっていた。が、天智が即位した時点で、大海人がすでに後継者にきまっていたので、何とかして彼を追いだそうと思っていたらしい。両者の間にはそうしたもやもやとした対立がくすぶり続けていた。そう思ってみれば、例の酒宴の折の大海人の長槍事件は、鬱憤《うつぷん》の爆発ともとれるし、天智が早速《さつそく》大海人を殺そうとしたところをみると、天智側で仕組んだ挑発かもしれない。

天智が病に陥ったとき、大海人が後継者になることを拒んだのは、むしろ天智亡きあと、大友を担ぐ勢力が自分に対して実力闘争を挑んでくるのを避けるためだったともいわれている。

いや、さらに――。

これはお家騒動ではなく、もっと本質的な闘争だという学者もいる。天智の改革政治への反撥、あるいは上部貴族とそれ以下との対立、中央官僚と地方勢力の対決……いろいろの理由があげられる。ごく最近では、東アジアの国際情勢の影響という説も出てきた。当時の日本は中国大陸や朝鮮半島の動向に深い関わりを持っていたから、そのことも考えてみなければならないだろう。

とにかく、こう考えてくると、額田の存在は段々小さくなってくる。彼女がいてもいなくても、やはりあの戦乱は起きたに違いない。あまり彼女を過大評価するのは考えものだ。それに、女のことで戦いを起すほど天武は愚かな人物ではない。天智・天武兄弟は日本の歴史のなかでも、まず指折りの大政治家だ。権力欲や金権に目がくらむ当節の政治家とはスケールが違う。そういう二人が、一人の女をめぐってコトを起すはずはない。

それにもう一つ、この戦乱の原因が額田ではなかった決定的な証拠がある。というのはこの戦乱の後、彼女の消息がとんと摑《つか》めなくなってしまうからだ。

もし、この戦いが愛する女性を奪い返すための戦いだったら、天武の側《そば》に彼女の姿がなくてはならない。愛しあいながら天智にその仲を割《さ》かれていたのだったら、額田自身、天武の胸に身を投げかけて、お得意の歌の一つも作りそうなものである。

もちろん、死んでしまったわけではない。生きていた証拠に、天武の死んだ後、彼の息子の一人（額田の産んだ子ではない）とやりとりした歌が残っている。

この何やら割りきれない結末を説明するために一つの説が生れた。

「近江の朝廷から額田が戻ってきたとき、天武の傍には、きさきの鸕野讃良皇女《うののさららのひめみこ》がいて、冷たい眼で彼女をみつめていた」

というのである。この鸕野皇女は天智の娘——つまり天武の姪だが（こうした結婚は、そのころざらにあった）、たしかに彼女にとっては才女額田は目ざわりである。

「何サ、いったん私の夫を棄てていったあんたなんか、いまさら戻ろうったって許すもんですか」

彼女に白眼視されて、以来、額田は鳴かず飛ばず、そのうち天武が亡くなり、その後を継いで即位するのは鸕野（これが持統《じとう》女帝である）。即位してから、いよいよ持統は額田をいびりはじめる。そして悲しみのうちに額田はやがて世を去ってしまう……

オハナシとしては大変よくできている。しかし、よくできすぎているからだろうか、

――ホントかしら？

ちょっと首をかしげたくなる。別に肩を持つわけではないが、持統女帝は、そんなイジワル・クイーンだったのだろうか。ここでもう一度、彼女をも加えて、別の謎解きをしてもよさそうである。

＊

話を元へ戻そう。大海人から中大兄へと額田が移ったのはいつか。これには鸕野と天武の結婚の時期がヒントを与えてくれないだろうか。これもはっきり、いつとはわからないのだが、じつは彼女は姉の大田皇女《おおたのひめみこ》とともに天武のきさきとなっている。

――姉妹いっしょに、一人の男と？

今の感覚ではゾオッとするが、そのころはこんなことはざらだった。

その結婚の時期だが、大田が六六一年に娘を産んでいることから、少なくともその前年には結婚したと考えていい。とすれば鸕野十六歳ということになる。

姉妹と大海人の結婚は恋の結果ではなかった。彼女たちの父・天智の政治的配慮か

らである。ちょうど半島の情勢がただならなくなってきたときだ。中大兄が新羅に攻められて危機に瀕している百済を救援すべく出兵を決意したその時期である。彼はこでぜひとも弟との結束を強めておく必要があった。

——頼むぞ、大海人。

こんなとき、一番有効なのは政略結婚である。まだ少女の面影を残す二人の娘を弟の許に送ったのは、まさにそのためだった。が、父親には、一種の不安がある。

——娘たちは若すぎるからなあ。弟の心を捉えることはできないかも……

気になるのは、才女額田がいて、すでに娘をもうけていることだ。

——それでは、彼女にこちらにおいで願うとするか？

それを堂々と申しこんだか、それとも、恋のゼスチュアたっぷりに近づいたか。堂々と申しこむと考えるのはドライすぎるようだが、政略結婚の相手が実力伯仲していた場合にはギブ・アンド・テイクが原則である。相手からも何らかのあかしを取った方が効果的だ。娘たちの身の上も気がかりだが、権謀家中大兄がそう考えたとしてもふしぎはない。

大海人だってさるもの、あるいは兄がそこまで露骨な提案をしなかったとしても、兄の額田へのラブ・コールに、

——ははあ、兄貴、そのつもりか。

と感づいていたかもしれない。

さらにもうひとつ、ギブ・アンド・テイクのルールをもとに考えると、一つの事実が浮かんでくる。そこで登場するのは、今まで見えかくれに姿をちらつかせていた中大兄と大海人の子どもたちである。

中大兄は弟にこんな提案をしたのではないか。

「俺の娘を二人そっちへやる。そのかわり、お前の娘をくれないか」

大海人は眼をぱちくりさせる。

「だって兄上、一番年上の十市だって、まだ十歳そこそこですよ。とても兄上のお側には……」

「いや、いいんだ。うちの息子（大友）の嫁にするんだ。息子だって、まだ十一歳だからな、結婚はいずれのことにしても——」

これは誰が見ても、うってつけの結婚であろう。この婚約が成立し、娘につきそって額田が中大兄側に移ったとする。そこで婚約者同士よりもひと足お先に、オヤジどのとオフクロどのがアツアツになってしまった……という想像はあつかましすぎるだろうか。

娘に母親がつきそっていって何くれとなく面倒をみるということはありえないことではない。ずっと後のことだが、平安初期の平城《へいぜい》天皇の皇子時代、きさきにつきそってきた母親があまり美貌だったために、皇子は当人より母親にアツアツになってしまった。これが藤原薬子《くすこ》という女性である（薬子については前作『歴史をさわがせた女たち　日本篇』に書いている）。中大兄と額田についての想像は決していかがわしいものではないのである。

さらに想像をもう一歩進める。娘と大友との婚約は額田にとって渡りに船だった。何しろ、年は若いが大田、鸕野の二人の女性が夫の許にやってくる。二人とも血筋は自分よりずっといい。いくら先口《せんくち》だといっても、将来夫が即位したとき、皇后になるのは彼女たちであって自分ではない。

――とすれば、この際、見切りをつけて……

そう考えたとすると、額田もいっぱしの悪女になってしまって、彼女に憧れている方々には興ざめだろうが、すでに三十を過ぎている彼女が、このくらいの世渡りの知恵を身につけていたことはあり得ると思う。

彼女が大海人夫人第一号でも皇后になるメがなかった事情をもっとはっきりさせておこう。天皇とききさきの関係の中に、じつはもう一つ、隠れた事情があるのだ。百年このかた、天皇の有力なきさきは、ほとんどが蘇我氏出身である。天皇になれるのは、それら蘇我系のきさきの血を享《う》けた皇子か、もしくは蘇我氏の女性をきさきとした人物であることが第一条件だ。中大兄たちの母・斉明《さいめい》女帝を蘇我系でないと考える人もいるが、それは大間違いで、母方を辿《たど》れば彼女にもちゃんと蘇我の血が流れている。

つまり当時の蘇我氏は後の藤原氏と似たような立場にあった。そう考えれば、額田が大海人即位後、皇后になる可能性は皆無といっていい。これは中大兄側に移っても同じことだが、大田・鸕野に追われる立場よりも、いっそ気楽、というものである。大友も残念ながら蘇我系のきさきの産んだ子ではないから、娘の将来も不安はあるが、母親としては、ともかく年弱な娘につきそってやりたい。そんな気持だったのではないか。

ところでこの大友は後に問題の人物となる。天智の死後、彼が正式に即位したのかどうか、明治以降の歴史はその即位を認め、弘文《こうぶん》天皇とおくり名したが、これについては、歴史学者の間にはまだ議論が続いている。もし即位したとすれば、そのころまでに彼との間に男の子（葛野《かどの》王）をもうけている十市は皇后の有力候補者だし、額田もゴ満足ということになりそうだが、その証拠はどこにもない。

というより、大友は父の死後、ひと息つく間もなく大海人に攻められ敗死してしまうのだ。十市自身は無事救出された。彼女はひそかに父の大海人の許に夫の身辺の情報を送っていたともいうが、これも確証はない。額田ももちろん十市と行動をともにしたはずだが、前述のように消息は不明である。

ではこの間、鸕野はどんな眼で額田をみつめていたか。

相手の消息が不明である以上、これも推測するよりほかはないが、鸕野は多分、夫の即位に自信を持っていたに違いない。当時の常識では、天皇家の中で蘇我の血を享けた人間こそ正統後継者だ。

「後釜《あとがま》は私の夫。大友なんて問題じゃない」

そう思っていたことだろう。しかも彼女自身、天智の娘だから蘇我氏の血が入っている。その上、彼女の母も、蘇我倉山田石川麻呂《そがのくらやまだのいしかわまろ》の娘だ。石川麻呂は最近発掘調査で俄然脚光をあびはじめた山田寺を建てた人物である。だから彼女は、大海人即位の暁には、自分が皇后になることを疑いもしなかったろう（姉の大田はこのときまでに死んでいる）。

それに彼女自身、かなり太っ腹な政治家だ。夫のかつての恋人にキーキー言うようなタイプではない。例の、

「あかねさす　紫野行き……」

「人妻ゆゑに……」

のやりとりを、にやにやしながら眺めていたのではないか。彼女のいま一つの自信は、夫との間に男の子をもうけていることだ。彼女が立后《りっこう》した以上、この子、草壁《くさかべ》こそ、最有力の後継者だ。いまさら額田いじめにうつつをぬかす必要はないではないか。まさに、

「金持ケンカせず」

である。自分の地位が安定すると、人間、他人に寛大になるものだ。

こうした解釈を、

「あまりにも独断と偏見！」

とお思いになる方もあるかもしれない。が、レッキとした学者の方の中にも、全く別の解釈から、二人の歌を愛のデュエットとしない方もおありなのである。

その説に従えば、もともと額田は中大兄とは、何のカンケイもなかったのだそうだ。どちらかといえば、大海人に未練があって、額田はあの歌を贈ったのだが、大海人は、

「もうあなたは人妻なんだから」

などと言って、するりと身をかわしてしまった、というのだ。

——私の身の上はご存じのくせに。口の先だけでうまいことおっしゃって。

額田がくやしがったとすれば、大海人サンも、大甘《おおあま》どころか、なかなかお人が悪いということになる。

大変な奇説のようだが、これには根拠がある。『日本書紀』には、天智のきさきとして額田の名が出てこないのだ。これはたしかに注目に値する。『日本書紀』は天皇が即位すると、皇后は誰で、その皇子・皇女は誰、というように書く。続いてこのほかのきさきとその産んだ子供たちの名前をあげてある。天武の条には、たしかに額田の名をあげ、十市を産んだと書いているが、なるほど天智の条に彼女の名は登場しない。

もっとも、これには反論の余地もあるだろう。『書紀』にきさきとしてあげてあるのは、原則として皇子、皇女を産んだ人に限られている。だから天智の子を産まなかった額田が出てこないのは当然、という解釈もなりたつ。

なるほど――。

ややこしい話だ。真相はわかったようなわからないような……。が、多分これには『万葉集』のもう一つの歌をふりかざして、

「中大兄と額田がカンケイなかったたって？　ウッソー。じゃ、妻争いの歌はどうなのよ」

という反論が出るかもしれない。

しかし、この歌も、じつはきめ手にならないのだ。これじたい、中大兄の作ではなく、一種の民謡ともいうべき伝承歌だという解釈があるからだ。それに「つま」という言葉には、「夫」の意味もある。それなら、香具山と耳梨山が女性で畝傍《うねび》山は男性ということにしてもいい。そういえば、

「畝傍ををし」

も「愛《を》し」ではなく「雄々し」とも読めるではないか。現地に行って山を眺めると、一番大きいのは畝傍山だ。この山は姿がよく、裾を長くひいた形は優雅で女性的でもあるが、男性二人がチビというのは少しおかしい。

結論的にいえば、額田の身辺には謎が多すぎるのだ。それも永遠に解かれないであろう謎が……。

ただ、戦後にわかに彼女の姿がクローズ・アップされたのには一つの理由がある。それまでの日本は、女の離婚、再婚を、とかく白い眼で見がちだった。男の浮気は咎《とが》めないくせに、有夫の女が他の夫と関係すれば姦通罪で訴えられるという法律があった。

ところが戦後、姦通罪はなくなり、女の側からの離婚の申したてもふえ、再婚も珍

しくなくなった。それに、天皇家へのタブーもゆるめられ、大海人・中大兄・額田の関係も大っぴらに語れるようになった。かくて額田は奔放《ほんぽう》な恋のチャンピオン、歌の女王として、注目されるようになったのである。

が、最近では女の離婚、再婚は、さまで珍しいことではなくなってきた。そうなると、額田もごくフツーの女になるだろう。古代史の研究が進んでくると、額田以外にも再婚、三婚がざらにいることもわかってきた。額田の幻影は、いま大きく揺らぎだしてきているのではあるまいか。

美貌の女帝
元正天皇

日本史に登場する女帝のうち、誰が一番美しかったか？　美人コンテストじゃあるまいし、とはいうものの、やはり、女性としては気になるところだ。といっても、肖像画が残っているわけではなし、古い史料だけが頼りなのだが、その中、

「オキレイだった」

という言葉の残るのは少ない。

まず最初の女帝、推古女帝——先に取りあげたこの女帝について、『日本書紀』は、

「姿色《みかほ》端麗《きらぎらしく》進止《みふるまひ》軌制《をさをさし》」

といっている。

「きらぎらし」というのは、今の「ギンギラギンギラ」ではない。つまり、

「容姿端麗」

なのである。しかも物腰がおとなしやかだったというから、かなりの美女というべきだろう。

次の皇極《こうぎょく》（斉明《さいめい》）女帝には、何の記載もない。国際情勢もただならなかったときだったからか。勘ぐれば、とりたてて美貌だったということでもなかったのか、と思われる。

次の持統《じとう》女帝。女帝中の大物である彼女にふさわしく、

「深沈　有　大　度《しめやかにしておほきなるのりまします》」

という評がある。天皇の娘であっても、礼儀正しく節倹だった、とされ、よきママぶりだった、と『日本書紀』は書いている。

深沈大度というのは、もの静かで、あわてずさわがず、しかもなかなかの太っ腹だ、というのである。壬申の乱を勝ちぬき、夫の天武天皇を助けた名政治家だが、ここでも残念ながら、美人だったという賛辞はない。

こう見てくると奈良時代の女帝の元正《げんしょう》天皇に対する賛辞はかなり手放しという感じがする。『続日本紀《しょくにほんぎ》』の中には、立居振舞の優雅さに触れ、さらには、

「沈静婉孌《ちんせいゑんれん》　華夏《くわか》載佇《さいちょ》」

とある。少しむずかしいが、「もの静かで、大変魅力的、まさに花ならまっ盛り

……」

といったような意味だ。

してみると、日本史の中の最も美貌の女帝は、元正天皇ということになりそうだ。

即位したとき三十六歳、しかも独身だった。それまでの推古・皇極(斉明)・持統・元明《げんめい》は全部天皇または皇太子のおきさきであり子供を産んでいる。

日本はじめての処女皇帝。三十六といえばそのころとしては、すでに若いとはいえないが、それにもかかわらず、

「ビューティフル!」

の賛辞が捧げられたのだから、その美しさは現代のダイアナ妃などの比ではなかったのではないか。

ところが、何としたことであろう。日本の歴史学者――それはほとんどが男性なのであるが――は、この美貌のヴァージン・クイーンの存在を見落しがちなのだ。もしかすると、この美貌だという記事だけに注目して、

「美しいだけで、何も役に立たなかったオ姫サマ」

と思いこんでしまったのではないだろうか。そのせいか、古代の女帝のうちで最も影の薄いのはこの元正女帝である。その後、奈良朝の最後を飾る孝謙《こうけん》(再度皇位につ

いて称徳《しょうとく》）女帝が、道鏡《どうきょう》との恋愛事件など、とかく話題にこと欠かないのに比べて、

「そんな女帝もいたかしら」

というような扱いをされている。

が、独身の美貌の女帝は、ただのロボット的存在では決してなかった。苦しみも悲しみも秘めながら、自分の力のかぎりを尽してその人生を生ききった。その中で大いに歴史をさわがせもした――と私は思っている。

＊

この元正女帝に触れるには、どうしても一代前の元明女帝のことからはじめねばならない。なぜなら、元正は元明の長女なのだ。そして、父親といえば、草壁皇子。いま明日香で伝承板蓋宮《いたぶきのみや》跡から木簡《もっかん》が出て話題になっている大津《おおつ》皇子と草壁は異母兄弟。大変ややこしいので系図を見ていただきたい。

つまり蘇我倉山田石川麻呂《そがのくらやまだのいしかわまろ》の娘の二人が天智天皇と結婚し、それぞれが子供を産んで、それがまた同族の中での結婚をくりかえしたのである。当時叔母さんと甥《おい》の結婚といった形はよくあり、別に近親相姦ではないので、念のため……

こうして元正は、持統天皇の最愛の息子である草壁を父に、元明を母に生れた。もちろんこの時点では元明は帝位についてはおらずに、阿閉《あへ》皇女と呼ばれていた。そういえば、彼女が生れたのは、まだ天武天皇の時代で、持統女帝もまだ即位していない。この持統は、元正にとっては、「お母《ば》さま《あ》のお異母姉《ね》さま《え》」つまり伯母さまであり、一方、父の草壁の方でいえば、お祖母さまである。ややこしいが、近親結婚の多いその当時としては、そう珍しい話ではない。

元正を長女に、その後に弟と妹が生れた。そのころ天武天皇が亡くなり、当然、元正の父、草壁皇子が即位するものと見られたが、その即位が実現しないうちに、父は病死してしまった。母が二十九歳のころのことである。日本の頂点にあるロイヤル・ファミリーながら、元正の周囲には、常に悲しみの翳《かげ》がつきまとう。思えばこれは彼女の経験した悲劇の第一ページなのである。

そのことに一番ショックをうけたのは、もちろん母であろうが、それに劣らず落胆したのは草壁の母の持統であろう。この子を皇位につけたいばかりに、自分の姉の子である大津を、天武の死後、無実の罪に追いやってしまったといわれるくらいなのだ。もっとも、これには多少の意見もあるのだが、別のところで触れているので省略する。

しかし、持統は悲しみに沈んでばかりはいられなかった。

「それでは仕方がない。私が即位しましょう」

ということになって持統女帝が出現する。大変な政治的才能を持ちながらも、彼女は、さほど皇位に執着はなかったらしいのだが、行きがかり上、即位しなければならなかったのだ。

　この当時、どうもはっきりはしないのだが、天皇には必ずレッキとした女性のパートナーがついていたらしい。二人一チーム制、二人三脚システム、とでもいうべきか。夫と妻、母と息子、といった組合わせで、この場合の女性の存在は、内助の功の枠を超えた、ズシリとした重みを持つ。政治は二人の連携プレイで行われ、天皇が亡くなれば、そのパートナーである女性が即位するのが当然と思われていたようだ。持統だけでなく、推古も斉明もその例である。

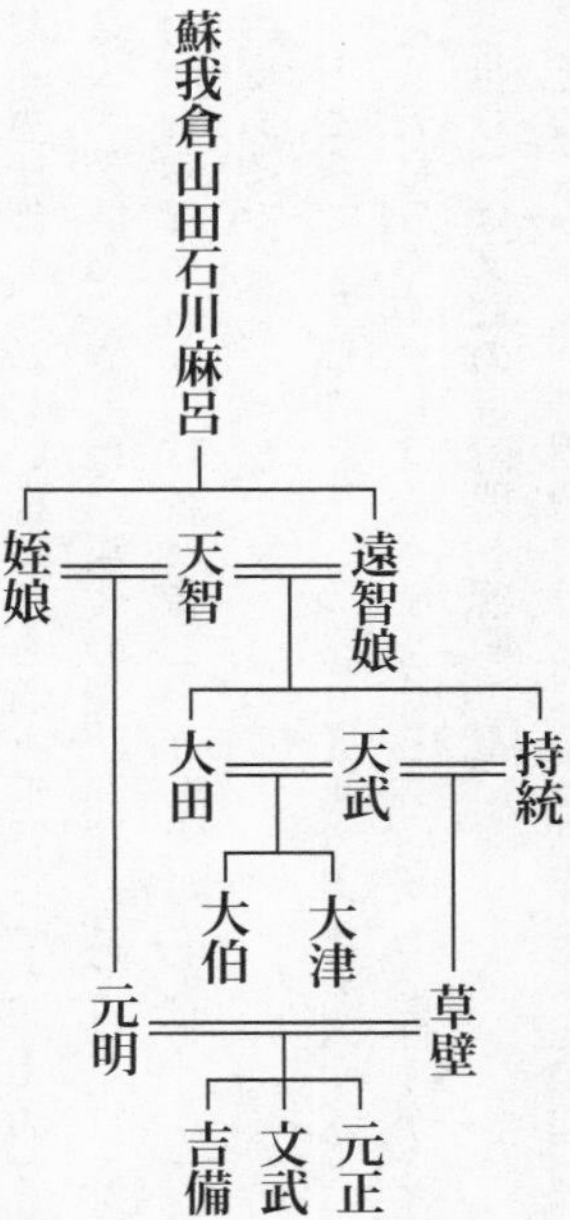

　こうして即位した持統はなかなかのやり手だった。夫がしのこしていっ

た新憲法作り、新しい都造りを着々進行させた。夫のプランがあったとはいえ、これは大事業であることは、現代の憲法問題、はては東京都庁の副都心移転問題をみてもおわかりであろう。持統女帝というお祖母（伯母）さまはスゴイ政治力の持主だったのである。

ところで、草壁の息子、つまり元正の弟が成人すると、持統はこの孫に位を譲る。文武《もんむ》天皇である。しばらくは持統と共同統治を行うが、持統が亡くなるとパートナーを組むのは文武の母阿閉（元明）だ。

そのころ、文武の周辺にはちょっと厄介な問題が起っていた。というのは文武が側近に仕える実力者、藤原不比等《ふひと》の娘の宮子《みやこ》を愛し、二人の間に男の子が生れてしまったのだ。

後宮に女性が多く出入りしていたそのころのこと、そんなことはあたりまえのことなのだが、困るのが相手が藤原氏の娘だということだ。

なぜ？

それは、このところ百五十年ほどの間、天皇の第一夫人（皇后）になれるのは蘇我氏出身の女性にきまっていたのだ。もう一度系図をごらんになっていただきたい。天智以来蘇我倉山田石川麻呂の娘たちがその座をしめている。そして天皇になれるのも、蘇我氏の産んだ皇子——という暗黙のルールがあった。逆の方向から見れば、天皇がパートナーを組む母や妻は、蘇我氏の娘ときまっていたのだ……

じつはこれまで天智、天武両帝は、蘇我氏と関係がないと考えられているが、これは誤りである。いまは本筋でないから省略するが、両帝の母である皇極（斉明）女帝の母は吉備姫王《きびのひめおおきみ》といい、蘇我氏の血を享けている（くわしくいうと彼女の父は推古女帝の弟なのだ）。

なのに、文武は宮子とパートナーを組むつもりなのか……

「こりゃ天地はじまって以来のことだ」

と周囲はびっくり仰天した。

中でひとりほくそ笑んでいるのは宮子の父の不比等だ。

——いよいよ出番が廻ってきたぞ。

これまで、不比等の父の鎌足《かまたり》は、娘たちを天皇のおきさきにすることまではやっているが、彼女たちの産んだ皇子が皇位についたことはなかったし、天皇とパートナーを組むところまではいっていない。

まさに好機到来とばかり不比等は勇みたつ。じつは文武の身辺には他氏出身のおきさきも何人かいたのだが、不比等はうまい口実を見つけて彼女たちを追放してしまう。

その中には蘇我氏の血を僅《わず》かにひいた女性もあり、皇子を二人産んでいるのだが、彼らも母ともども臣下の列におとされてしまった……

この不運な皇子たちが臣下として後に与えられた姓が、何と高円《たかまど》氏なのだ。つい先頃、三笠宮家から独立された宮様が同じ名前の宮家を創設されたが、この名が、こういう宿命を持っていることを、関係者はご存じなのだろうか。

ともあれ、文武のおきさきとして、宮子は独走態勢に入る。その所生の皇子も、文武のたった一人の後継者にきまったようなものだった。

さて、これから先である。そしてそのことが、美しき元正女帝の運命を左右するのだ。

＊

ところで、文武天皇が、藤原宮子との間に皇子をもうけたとき、まだ生きていた持統太上《だいじょう》天皇や、母の阿閉がこれをどう受けとめたか？

「わが曽孫誕生と、持統は喜び、また初孫の顔を見て、阿閉も大喜び」

というのが、今までの学者の考え方である。持統はまもなく死ぬが、阿閉はこの孫の成長を心待ちにしている。ところが残念なことに文武は若死し、生れた皇子も年弱でまだ皇位につけそうもなかったので、自分が代りに即位した。その後この皇子も十五歳という当時の成人年齢に達したが、まだ周囲に反対勢力も多いので、元明に代って元正が即位した。これが元正の即位の理由だ、というのである。この論法に従えば、元明、元正は皇子の成人までの中継《なかつ》ぎ、一時皇位をあずかったにすぎない——ということになる。

が、私はここで反対の考え方を提示したい。

「持統も元明も元正も、文武が宮子に皇子を産ませたことに大憤慨だった」

なぜなら——。

宮子は藤原氏の娘だから。

「私たちのように蘇我氏出身ではないわ」

「あの娘が天皇のパートナーになるんですって？　そんなこと許せないわ」

「あの娘の産んだ皇子がいずれ、即位するなんて！」

三人の女性の大合唱『不満の歌』が聞えてきはしないだろうか。

女はどうしても実家びいきになる。これは古来の日本の女性の特質である。百年以上も、蘇我氏の娘が後宮を独占していただけに、藤原氏出身の宮子が天皇のパートナーになることだけは、体を張っても阻みたかった。まして、宮子の産んだ皇子の即位は、何としても拒みたかった！

そう考えるのは、私が女だからだろうか。しかし、そう考えると、元正女帝誕生の意味もはっきりすると思うのだが……

つまり元明は息子が藤原宮子との間にもうけた孫など、ちっともかわいいとは思わなかったのではないか。だから彼女はその即位を期待するどころか、何とか阻みたかった。そこに娘の元正女帝の即位という、相手が予期しない奇策を打ち出したのではないだろうか。

そう思うには理由がある。元正が即位したとき、この皇子はすでに十五歳になっていた。当時の成人年齢であり、皇子の父の文武はこの年齢で即位している。

「さては、いよいよ」

藤原不比等が手ぐすねひいて待ちかまえた矢先、

「おあいにくさま」

と元正を即位させてしまった、と考えられるからである。

もちろんこれも想像にすぎない。

が、前の説も考えてみれば想像の産物である。「詔勅《しょうちょく》の中に皇子の即位を期待するような文字がある」という人もいるが、詔勅というものじたいきわめて政治的発言であり、それをそのままホンネとは信じられない。政治人間がホンネをなかなか言わないのは、何も今に限ったことではないのである。ともあれ、どちらをお取りになるかは読む方々の自由だが、もし後の説をとるなら、美しき女帝は大変な政界の嵐をまともにうける覚悟で即位した、というべきではないだろうか。

＊

そんなふうに歴史を見てゆくと、今まで気づかなかった歴史のブラック・ホールが見えてくる。

それは、藤原不比等と三女帝の見えざる戦いである。それも彼らの時代に始まった戦いではない。さらに数十年遡《さかのぼ》った因縁話になる。例の大化改新のとき、蘇我氏を打倒したのは中大兄皇子（後の天智天皇）と藤原鎌足だ。しかし、これで蘇我氏がすべて壊滅したわけではなく、一族の倉山田石川麻呂は、むしろ中大兄側だった。というのは系図で見られるように娘を二人、中大兄の許《もと》に送りこんでいたからでもある。ところがその後まもなく、倉山田石川麻呂は謀叛《むほん》の疑いをかけられて自殺してしまう。その場所が発掘でとみに有名になった山田寺だ。名前を見ればわかるように、この寺は倉山田石川麻呂の建てた寺なのである。

この倉山田石川麻呂追落しに暗躍したのが中大兄と藤原鎌足であることはほぼまちがいない。彼らは蘇我系の倉山田石川麻呂が邪魔だったのだ。このフレーム・アップに成功した後、彼らは、さばさばと近江の新天地に都を造り、新しい憲法を発布した。これが近江令といわれるものだ。

倉山田石川麻呂の娘たち――彼女たちは天智のきさきではあったが、父が夫の謀略にあって非業の死を遂げた悲しみを一生忘れなかった。というより、その悲しみのために命を縮めてしまった。こうした宿命を持って生れ育ったのが、持統女帝と元明女帝であることを見過すわけにはいかない。

こう見ると壬申の乱の一つの意味がはっきりするのではないだろうか。もちろんもっと大きな政治的原因もあるにはあるが、女の次元では、祖父の仇討《あだう》ちでもあったのである。

勝利の結果、近江の都はパッと廃され、憲法も変えられる。こうしてできたのが先に触れた飛鳥の地であり、飛鳥浄御原令《きよみはらりよう》なのである。

では、不比等はこれを冷静にうけとめていたろうか。ノウである。壬申の乱が始まったころ彼はどこかに隠れ（田辺史《たなべのふひと》に養われたともいわれている）、時機を待つ。やがて中堅どころの役人に出世し、宮廷に地歩を固めてゆく。

それから先の不比等の巻返しがみごとである。憲法は持統の生前、すでに飛鳥浄御原令から大宝令《たいほうりよう》に書きかえられてしまった。あの政治力豊かな持統さえうまうまと押しきられてしまったくらいだ。さらに元明の時代、都を奈良へ遷《うつ》してしまった。元明は心中では不賛成だったらしいのだが、遂に大勢に抗しがたく、奈良へ遷都《せんと》を行った。持統へ、そして元明へ。

不比等の復讐は着々行われた。そして次の狙いは、若き美女、元正に対して、彼はどのような手を打とうとしたのか。そして元正はどうやって戦ったか。

ちなみに——これまでも元正女帝という名で書いてきたが、彼女のもとの名は氷高《ひたかの》皇女《ひめみこ》である。ただ、いろいろ名前が変るとわずらわしいので、全篇を元正で続けることにする。

元正は、母の元明女帝の指名によって即位する。以後は元明、元正の共同統治の時代が続く。

ここで彼女は、強敵不比等と虚々実々の駆けひきを行う。その中で目立つのは、祖父や祖母のやった政治路線へ戻す試みである。

例えば、天武・持統時代の外交は、専ら半島の新羅《しらぎ》とだけ行われ、唐とは国交断絶の形だった。ところが、文武天皇と不比等の時代になるとこの方針が大きく変って、遣唐使《けんとうし》が派遣される。元正天皇が即位した直後も、遣唐使が派遣されたが、以後全く遣唐使派遣のことはなく、代りに新羅との交通が頻繁《ひんぱん》になる。これは外交路線の大転換である。親米路線で行くか、親ソ路線で行くかくらいな大きな違いといっていい。

憲法も改正された。大宝令がかなり手直しされたようだが、これは両者とも、ほんものの原文が残っていないので細かいことはわからない。もっともこれは周囲の反対が多くて、改正はできあがったものの、実施はおあずけになってしまった。

人事問題でも、自派の増強を計るとか、彼女は果敢に不比等に抵抗している。美女はなかなかおやりになるのである。

一方、お祖母さまの例に倣《なら》って、壬申の乱のとき協力した美濃《みの》、尾張《おわり》などにも出かけ、そのときの功臣の子孫たちに褒美《ほうび》を与えたりしている。

「そなたたちのことは決して忘れてはいませんよ」

というゼスチュアである。

「また、何かの折には頼りにします」

という意味を含めての挨拶廻りであろう。

不比等は多分、

——何をこしゃくな。

と思ったろう。彼の狙いは宮子の産んだ皇子の一日も早い即位であった。それが実現すると思った矢先、元正女帝にそのポストを奪われてしまったのだから、憎しみの程は想像がつく。しかしそこは老獪《ろうかい》だから、表面は恭《うやうや》しく女帝に頭を下げていたようだ。

そして遂に——。

彼は宮子の産んだ皇子の即位を見ずに死んだ。どんなにか心残りであったことだろう。すでに皇子は皇太子になっていたのだから、もう一歩手前まで来ていたのに……。しかも皇子の第一夫人となったのは、同じく不比等の娘、安宿媛《あすかべひめ》だった（宮子とは母が違う）。皇子が即位すれば、この娘がおきさきになる姿を見ることができるのに……

古代きっての怪物政治家、不比等は遂に、なよやかな女帝に敗れ去ったのである。ふしぎなことだが、対不比等戦に関するかぎり、美しき女帝は、まさに勝利を摑《つか》んだのである。

が、この不比等の死後、一年めに元正は母の元明太上天皇の死を見送らねばならなくなる。多分、娘とともに不比等という大物政治家と戦い続けた彼女は、相手の死によって自分もまた力尽きてしまったのかもしれない。

そしてまもなく、元正は退位して、新しい天皇を迎えなければならなくなる。その天皇こそ聖武《しょうむ》天皇である。

一歩後退の感のある女帝は、しかし抵抗はやめない。一方、聖武天皇の即位で勢いづいた藤原氏側は、それいけ、とばかり宮子の昇格を持ちだした。このとき中心になったのは、不比等の四人の息子たちで、いずれもかなりの策謀家である。

この当時の令《りょう》（憲法）には、おきさきについても呼び方まできまっている。

皇后　これは妃の中から選ばれる。トップのおきさきである。

妃　これは皇族出身の女性

夫《ぶ》人《にん》　臣下の三位以上の者の娘

嬪《ひん》　それ以下の臣下の娘

ということになっていた。宮子は当然文武天皇の夫人である。この夫人の産んだ皇子が即位すると、夫人は皇太夫人と呼ばれる。皇后が皇太后になるのと同じである。

ところが、聖武天皇は、藤原氏をバックに、

「宮子夫人を特別扱いにしたい」

と言いだし、

「大夫人」

というよび名を提案した。しかもこの日本的なよび方を「オオミオヤ」というようにしようというのである。ふつうの皇太夫人は、「オオトジ」だから大いに違うことになる。「オオミオヤ」というのは天智・天武の母である斉明女帝を皇祖母尊《すめみおやのみこと》といったのに準じる特別敬称で、これを新しく作って藤原氏出身の宮子を皇族並みに扱おうという魂胆を秘めたものだったのである。

このとき、元正はこの案に不賛成だった。しかも、彼女は有力な協力者をその側に見出していた。左大臣（今でいう総理大臣の役）長屋王《ながやのおう》である。彼は法律にくわしい。その知識を駆使して、

「その言い方は法律違反だ」

ときめつけた。その緻密《ちみつ》な反論には歯が立たず、即位間もない聖武天皇は遂に敗北、命令を引っこめざるを得なくなる。天皇が命令を取り消すなどという不名誉なことは、かつてないことであった。

では、長屋王はなぜ、こんなに頑張ったのか。理由は簡単だ。彼は元正の妹である吉備《きび》皇女の夫なのである。二人の間には数人の男の子が生れていた。

しかも、元明は生前、この男の子たちを、正式に自分の孫として皇族扱いすることにきめている。長屋王は天武天皇の孫で、その息子となると格が下ってしまうのを、元明の孫、という形で格上げを図ったのだ。

ここには、実は元明・元正の細かい計算がある。元明の孫なら、聖武天皇と同格だ。聖武の次に皇位についてもおかしくない。又彼らは元正の甥だから、元正が指名して聖武の後継者になることも十分可能である。

つまり彼女たちは、

「いったんは、藤原氏の血を享《う》けた聖武を許したものの、その次は私たちの血筋の子」

ときめていたのだ。長屋王はわが子のためにも、聖武の失点を鋭く追及する必要があったのだ。

しかし、藤原氏側も負けてはいなかった。いったん「大夫人案」は撤回したものの間もなく、痛烈な反撃に出る。

「左大臣長屋王は、左道《さどう》を学んで国を傾けようとした！」

と言いたて、あっというまに長屋王の屋敷をかこみ、長屋王以下、妻の吉備や皇子たちを死に追いやってしまったのである。

ここで元正は大敗北を喫してしまう。長屋王というよき協力者を失ったばかりでなく、自分の甥を聖武の後継者にするという秘策を根こそぎ否定されてしまったのだ。

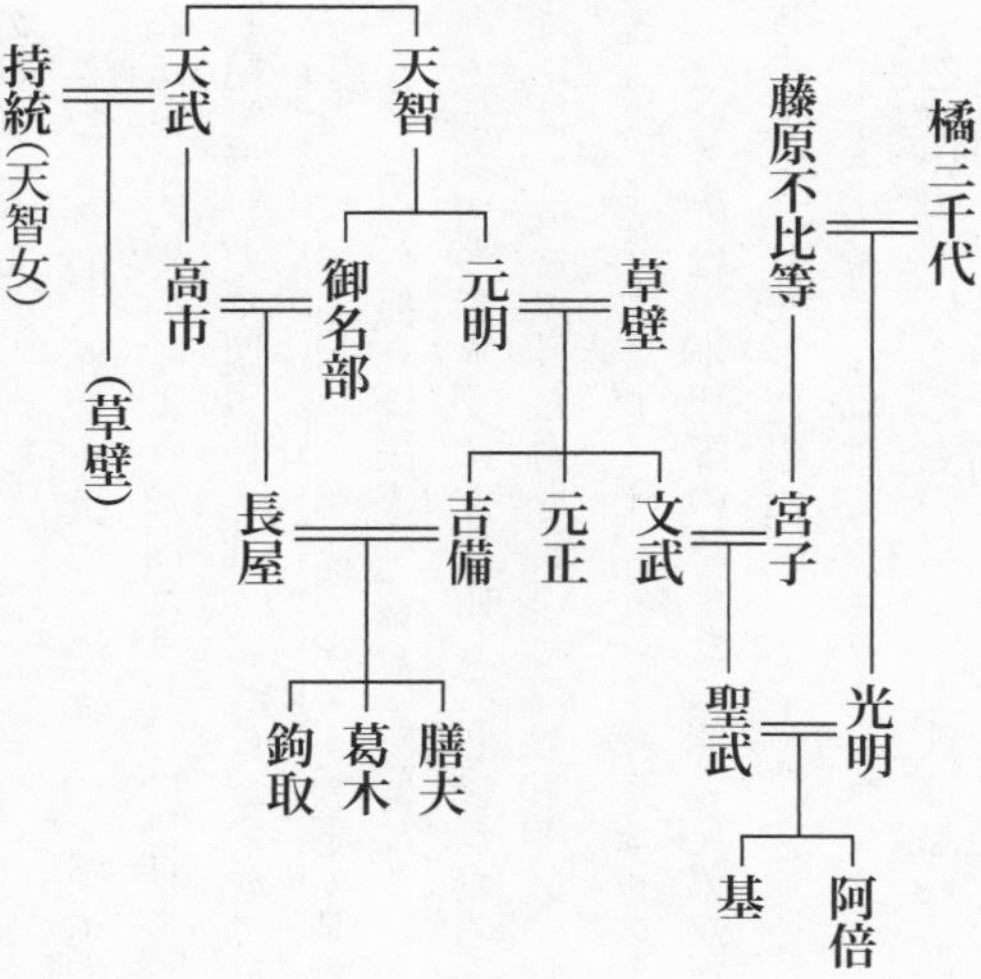

私はむしろ、長屋王の死より、この甥たちの死の方が大きい意味を持つと思う。遂に蘇我の血をうけた王統はここで絶滅しなければならなかったからだ。推古天皇以来、ずっと続いて来た、蘇我系の女の血はこの元正女帝を最後に、天皇の系譜から消えてしまう。血の革命は遂に行われたのだ。

代って、晴れて皇后の位に上るのが、安宿媛、これが光明《こうみょう》皇后そのひとである。

このときの大異変を世の中では、「長屋王の変」と呼んでいる。いかにも長屋王が謀叛を企んでいるように聞えるし、『続日本紀』も左道を学んだ、と書いているので、長屋王はひどく腹黒い人間のように思われるが、しかしむしろ仕掛人は藤原氏なのだ。左道というのはよくわからないが、一種の呪術《じゅじゅつ》のようなものであろう。

女帝は今や孤立無援！

では、何もできずに泣き伏してしまったろうかというとそうではない。もちろんこれには、彼女以外の力も働いたのであるが、聖武天皇は勝利に酔ったのもつかの間、やがてひどいノイローゼにかかってしまうのだ。

というのは、不比等の息子たち四人兄弟が次々と流行病に冒され、一年の間に全部世を去ってしまったのだ。

——や、や、これはてっきり……

怨霊《おんりよう》の祟《たた》りによるものだ、と聖武は思いこんでしまう。

祟っているのは長屋王一族だ、と聖武は思いこんでしまう。ノイローゼになったことで、むしろこの事件が完全にフレーム・アップであることを、天下に告白した形になった。

そのころ九州では叛乱が起った。さきに死んだ四兄弟の息子の一人が大宰府《だざいふ》で叛旗をひるがえしたのだ。現実には大した戦さでもなかったのだが、聖武はデマにおびえ、奈良の都にまで攻め寄せてくると思ってしまったのだろう、スタコラ都を飛びだしてしまった。

以来、世にもふしぎな天皇の放浪が続く。元正が手を下さずとも、聖武は十分すぎるくらい十分に罪の報いをうけてしまったのだ。光明皇后も食事がとれなくなったり、病気がちの日々を過すようになる。「聖武」「光明」という名前に似あわず、二人の生涯は決していかめしくも明るくも何ともなかったのである。

苦難の末に聖武が思いついたことは大仏建立《こんりゅう》である。

「自分の罪を滅ぼすために……」

恐怖が大きければ大きいほど、大きな仏サマを作りたくなるのが人情というものであろう。日頃は十円しかお賽銭《さいせん》をあげない人も、わが子の受験ともなれば百円玉をフンパツする。五百円より千円の絵馬を買って合格祈願をすれば、より御利益《ごりやく》があるような気がするのと同じことである。奈良の都の繁栄のシンボルと思われている大仏だが、その裏には、こんな苦しみが含まれているのだ。

この二人は、じつは男の子をもうけたものの、すぐ病死させてしまっている。長屋

王を討つときの一つの理由は、

「長屋王が左道を学んで、この子の寿命を縮めた」

ということになっている。

この男の子を除けば、二人の間には女の子一人しかいない。じつは聖武にも他におきさきがいたのだが、光明皇后にしてみれば、

「他人の子が天皇になるなんて！」

だから女帝を——というわけで、娘の阿倍《あべ》皇女を候補者に押し出すが、これに対して、じんわりと抵抗したのは元正だった。

——私の眼の黒いうちは、阿倍皇女を後継者になんかさせないから。絶対に！

というわけで、とうとうその即位をみとめようとしなかった。だからこの阿倍皇女が即位するのは元正女帝の没後だった。この女帝が孝謙女帝である。元正から孝謙へ——。聖武を一代間に挟んでの女帝の連続だが、この両者の間に深い溝がある。

元正は長屋王一族を失い、手足をもがれた形になった。それでも遂に孝謙女帝を正式に認めないあたり、最後まで意地を張り通したのである。史料には阿倍皇女は早く東宮になったとも書いてあるし、その点あいまいな所もあるが、当時の東宮の位置は極めて不安定なものだったから、やはり元正は最後の同意を与えなかったのではない

だろうか。

元正が亡くなったのは六十九歳のとき。すでに美貌も台なしになっていたかもしれない。それにしても、身内を次々と失ってなお一人生きていたという悲劇の深刻さはもっと記憶にとどめられていい。

ふしぎなのは彼女が絶世の美女なのにもかかわらず、結婚しなかったことだ。この理由は御本人に聞いてみなければわからない。が、もしたずねたところで、彼女はそんな問いには答えず、こういうに違いない。

「私が何もしないロボットで、聖武が即位するまでの中継ぎですって？　ヒドイ！　私は抵抗の一生を送ったのに……」

王朝の悪女に乾杯！

伊勢

平安朝には女流歌人がたくさんいた。

その中で、恋愛のベテランは誰？　とたずねられて、即座に、

「和泉式部《いずみしきぶ》」

と答えられたら、あなたの知識はかなりのものだ。平安朝の才女といえば、紫式部《むらさきしきぶ》や清少納言《せいしょうなごん》がまず有名だし、彼女たちも、いま考えられているほどの女史タイプではなく、プレイ・ガール的な一面なきにしもあらずだったようだが、たしかに、恋愛遍歴では和泉式部には及ばないだろう。

ところで、和泉式部の歌はご存じだろうか。

「あらざらんこの世のほかの……」

とただちに口ずさめるとしたら、まず大学国文学科卒業クラス。いや、これは少し

値引きしなくてはならないかもしれない。この歌は百人一首に入っているので、かるた取りをやったことのある人なら、ご存じなのだから。

さて、これから先は、大学院コースである。それは、

「恋のベテランが和泉式部ですって？　まちがいでーす」

胸を張って言える人だ。

「もっとスゴイ人がいまーす」

おや、耳を澄ませば、何やら遠くで声がするようだ。

「そうともそうとも、この私をお忘れなの？」

どうやらご本人があの世から異議申立をしているらしい。ではちょっと、お伺いしてみよう。

「でも、和泉式部さんの恋愛遍歴はすごいんですよ。はじめは橘道貞《たちばなみちさだ》という人、その後、為尊《ためたか》、敦道《あつみち》という二人の親王、この二人は兄弟で、為尊さんが亡くなると、すぐ敦道さんと仲よくなっちゃった」

返事を聞いてみよう。

「橘道貞？　知らないね、そんな小者《こもの》は。その次が二人の親王？　あは、は、私の相手はもっと偉い人」

「えっ、もっと偉い人？」

「そうですとも」

「でも、和泉式部さんは兄弟と」

「ちっとも驚かないわ。私の相手は親子よ」

「えっ」

これはモンダイだ。もう一度恐る恐る聞いてみよう。

「でも、和泉式部さんは、歌の名人で」

「へえ、そうなの。私の方が歌では一段も二段も上のはずよ」

「そ、そうですか。でもあなたさまの歌、知りませんねえ」

「知らないはずないわよ」

いよいよ自信たっぷりだ。

「そうでしょうか、では一首だけお聞かせを」

「いいですか、よく聞くのよ」

口ずさんだ歌はこうだ。

「難波潟《なにはがた》みじかき蘆《あし》のふしのまも……」

あれっ。何か聞いたことがある。そうそうこれも百人一首にある。

「逢《あ》はでこの世を過ぐしてよとや」

そうそうこういう歌があった――と、そこまで考えたとき、

「伊勢って人よ」

即座に答えた方には大学院卒のタイトルをさしあげよう。

伊勢――。まさしく、この女性こそ、恋の女流歌人の女王なのだ。それにしても、和泉式部に比べて、何と影の薄いことよ。一つは百人一首の中の彼女の歌が覚えにくいことにもよるのかもしれない。

でも、かなりの名歌――なのだそうである。

「難波潟みぢかき蘆の」というのは「ふしのま」にかかる序詞《じよことば》で、直接の意味はない。つまり、「ね、ちょっとだけでもいいから、お逢いしたいの。そのちょっともいやだとおっしゃるの？　逢いもしないで、このまま過してゆけって？　ひどい方……」

女の恨みつらみをこめた、すごーい歌なのだ。では誰に贈ったのか？　どうも相手が多すぎてきめかねる、というのが、伊勢のもっとすごーいところなのかもしれない。

彼女の生れたのは八七〇年代ごろ。はっきりしたことはわからない。父は藤原継蔭《つぐかげ》といって、平安朝の権力者、藤原氏の血筋はひいているものの、主流からはずれた、あまりぱっとしない家柄である。ただ頭のいい家系だったらしく、代々ガクは深かっ

た。

ぱっとしない、とはいうものの、父は伊勢守《いせのかみ》や大和守《やまとのかみ》を歴任したというから、まずは県知事クラス、つまり中級貴族である。大臣とか一流の政治家にはなれないが、われわれのオソマツな「中流意識」とは大分かけはなれた、かなり裕福・優雅な環境に彼女は育ったのである。

彼女が宮仕えに出たのは十三歳ごろ。そう推定されるのは国文学者の秋山虔《けん》氏である。以下は氏の著『伊勢』に負うところが多い。今ならまだ中学生だが、彼女は早くもキャリア・ウーマンの道を歩みはじめたわけだ。

当時の上流女性の憧れの就職先は宮中であり、中でも、一番時めくおきさきの近くに侍《はべ》ることが最高の理想である。彼女の仕えたのはまさにそういうおきさき――宇多《うだ》天皇の中宮で名は藤原温子《おんし》、父はときの最高権力者藤原基経《もとつね》だから、極めつきのトップ・レディである。

ではなぜそんなうまいポストにすべりこめたのか。同じ藤原氏といっても、基経と彼女の家のつながりは薄い。そこをいろいろ血縁を辿《たど》ったりして、父や母が猛運動をしたのではないか。

こういうトップ・レディの所には高位高官がやってくる。彼らはおきさきの身辺に食いこむためもあって、侍女たちには愛想がいい。つまりこうした後宮には色と欲とが華やかに渦巻いているのだ。また女性にとっても、それはつけ目でもある。えりぬきの貴公子たちがやってくるから、ボーイ・ハントの相手には事欠かない。

さて、宮仕えした彼女は、父親の任国の名をとって「伊勢」と呼ばれるが、早くも彼女は、すばらしい恋の相手にめぐりあう。仕えている中宮温子の弟の藤原仲平《なかひら》である。推定によれば、仲平十六歳、伊勢十四歳！

――早すぎるゥ。

という声もあがるかもしれないが、そのころとしては決して異常なことではない。すでに仲平は元服《げんぷく》し、一人前の男の扱いをうけているのだから。

しかもこの元服の儀がすごかった。宮中で元服の式を行い、宇多天皇が、「正五位下に叙する」という「位記《いき》」を自筆で書いて与えたという。まさに皇族なみの待遇だ。自分のきさきの弟だから、宇多も格別目をかけたわけだが、それにはじつは理由がある。

宇多は即位のとき、基経と摩擦を起しているのだ。もともと基経はその即位に賛成しなかったらしく、

「万事はそなたに任せる」

という詔勅《しようちよく》を貰っても、その文章に文句をつけ、しばらくは出仕もしなかった。宇多はあわてて弁解し、結局詔勅を出しなおして、ケリをつけたが、宇多は完全に一本とられた形になった。

この事件が収まった後に行われたのが温子の入内《じゆだい》である。基経の娘を後宮に迎えいれることによって、宇多は妥協をはかったのだ。その翌々年の仲平の元服であってみれば、宇多も大いに気配りを見せたわけもよくわかる。

ともあれ、仲平はときのジュニア貴公子ナンバー・1となった。その仲平を射とめた伊勢の手腕、なみなみではない。姉である温子の許《もと》に仲平はしげしげ出入りしているから、きっかけは簡単に作れたと思うが、十四くらいの小娘のボーイ・ハントのしたたかさよ。一方のチャンピオン和泉式部も、母親が宮仕えしていた関係で、早くから恋の機会にめぐまれて恋人も多かったようだが、結局夫となったのは、中流貴族の橘道貞にすぎない。それに比べれば、伊勢の恋人が数段優ることはたしかである。

しかし、彼女は、自分の身分に比して、あまりにも上流の貴公子に眼をつけてしまったようだ。おきさきの弟、関白《かんぱく》の息子と国司の娘では、つりあいがとれない。こういう貴公子はやはりかなりの身分の家の娘の許に婿入《むこい》りするのがそのころの常識である。『源氏物語』の主人公、光源氏の場合を想像するとそのことがよくわかる。彼は元服すると同時に左大臣の娘、葵《あおい》の上の婿になる。これは父の天皇と左大臣の間できめられたことで好きでも何でもない葵が源氏の正式の妻になるべき貴族の婿になることがきまっていた。仲平の場合もそのとおりで、じつはしかるべき貴族の婿になるのである。

せっかく芽生えた恋は、ここで破局を迎えてしまう。仲平があっさり心変りしてしまったのか、それとも、断ちきれない思いを持ちながら、遠ざかるよりほかはなかったのか、残された歌からは判断しにくいが、ともあれ、伊勢は、ここで挫折を経験する。ティーンの少女にとっては残酷すぎる失恋だった。さすがに苦しさに耐えられなかったのだろう、宮仕えをやめて、そのころ大和守をしていた父の許に帰ってしまった。

——もういや、宮仕えなんていや。

というわけである。その気持はよくわかる。憧れの職場に就職でき、その中に働くエリート社員との恋が芽生えた、と思ったら、その青年は、別の会社の社長令嬢と婚約をきめてしまった、というようなものである。二人の仲は職場でも気づかれているだけに、いたたまれない恥ずかしさに襲われる。

「女が職場を辞めるとき」

の第一幕はこういうケースが多い。その意味では、伊勢も全くフツーの女の子だった。

しかし、女あるじの温子は、そんな伊勢をあわれに思ったのだろう。大和を旅してわずかに心を慰めていた彼女に、

「早く帰っていらっしゃい」

と言ってきた。

「そんなこと死んでもいや」

と思ったが、結局、温子の心にほだされて再度の宮仕えを始めるようになった。そのころ温子は宇多との間に女児をもうけている。そういう身辺の慌《あわ》ただしさから、気心の知れた伊勢を呼び戻したかったのかもしれない。

それに、温子自身、トップ・レディとはいえ必ずしも幸福な身の上ではなかった。宇多には彼女よりも先に身辺に侍《はべ》った女性もいたし、その間に皇子も生れていた。温子の産んだ子が男なら、他をさしおいて皇太子にすることもできるが、女の子ではそれも不可能だ。あれこれ憂鬱つづきの彼女は、伊勢の境遇に心から同情していたのかもしれない。

＊

こうして宮廷に帰ってからの伊勢は、もう前の純情カレンな少女ではなかった。したたかな恋の女にヘンシンしていたのだ。

例の仲平も、何やら未練がましい姿勢をしめしている。が、伊勢は、

——いまさら、何さ。

というのか、相手にしない。すると今度は、

「このボクじゃどう？」

思いがけない立候補宣言があった。

何と、仲平の兄、時平《ときひら》である。彼こそは基経の長男、末は大臣まちがいなし、という大ものである。時平は、歌舞伎《かぶき》などでは菅原道真《すがわらみちざね》を陥《おとし》れる悪役時平《しへい》というイメージが強いが、本当は線の太い、やんちゃ貴公子でもあった。

だからこそ、臆面《おくめん》もなく、伊勢に近づいたりしたわけだが、もちろん彼にはれっきとした妻がいるから、もし結ばれても、伊勢はあくまで第二、第三夫人なのだが……

このとき彼は言ったという。

「まだ彼のことを忘れられないの。ウブだなあ。純情すぎるよ。それよりボクが、かわいがってあげるからさ」

いかにもプレイ・ボーイ的な言い草ではないか。彼が伊勢に贈った歌にも、

「そんなに歎かなくてもいいじゃないの。逢うは別れの始め。それが人の世のさだめなのよ」

というのがある。が、伊勢はもうその手にはのらない。といってきっぱり断るのでもなく、なびくと見せてはちらりと逃げたり、あざやかなテクニックをくりひろげ、時平をじらし続ける。

さすがの時平もすっかり翻弄《ほんろう》されて、

「そんならいいさ。吉野の山奥へでもいってしまうよ。どうしても嫌だというのならね」

などという歌を贈っている。これは時平が奈良の興福寺《こうふくじ》で行われる法要に参列するために出かけるときのもので、奈良へ行くのを、

「吉野の山の奥へ行って行方《ゆくえ》知れずになってしまうよ」

と大げさに失恋のゼスチュアをしてみせたのである。すると伊勢は、

「あら、私も吉野の山の奥へでも隠れようかと思っていましたの。そこへお入りになるのだったら、私も御一緒に……」

と答えたものだ。

「どうせ行く気はないくせに」

と言いたいところを、わざとゼスチュアを作ってみせるなど、大したものではないか。これがたった十七歳のかわい子ちゃんなのだから恐れ入ってしまう。

時平も伊勢も本気ではない。大いに恋のプレイを楽しんでいるのである。では彼らは言葉のプレイだけを楽しんでいたのかどうか。そのあたりは何ともわからない。彼女の伝記小説ともいうべき『伊勢日記』は、時平の愛をこばみ続けたように書いているが、さてどうであろうか。現代の若い人たちがお茶でも飲むような気軽さで、ベッド・インする当時のこと、今の常識でははかり知れない部分がある。そう言えば、戦争前は若い男と女がお茶を飲むだけでもジロジロ見られた。もっと以前になると、そんなことはたいへんなフシダラだと思われた。こういう問題は時代によってうけとり方が違うのである。たとえ時平と伊勢がベッド・インしたとしても、それだけでフシダラとはいえないだろう。

ところで、二人の恋が噂《うわさ》に上るようになったとき、心おだやかでなくなったのが、先の仲平である。

——えっ、兄貴と彼女が？

これは黙っていられないとばかり、

「もう一度、どう」

リターン・マッチを申しこむが、伊勢は、

「何よ、いまさら」

そっけない歌を返している。このあたりになると彼女の歌は冴えてくる。恋を栄養分にして、彼女は詩才に磨きをかけてゆく。

さて、お次は、マジメ人間の登場だ。

「ああ、わが君、わが君……」

熱中型の歌を贈ってきたのは源敏相《としみ》という中級官僚だったが、これには眼もくれなかったらしい。

その次は王朝きっての恋のベテラン平中《へいちゅう》こと平貞文《たいらのさだふみ》——、西欧ならさしずめドン・ファンというところか。が、彼にイロオトコという名称は使いたくない。この言葉は、——どうだい、俺、イイ男だろ。黙っていても女がワイワイついてくるのさ。とやに下っているような雰囲気がある。が、平中はそういう男ではない。むしろ女を心から愛し、

「おお、マイ・ハート」

と愛のすべてを捧げるのである。モーツァルトのオペラ『ドン・ジョバンニ』（ドン・ファンのこと）をごらんになった方ならおわかりであろう。彼は村娘ひとりくどくに

も全力を尽す。ただその対象がひとところに止まらないだけの話である。この平中も、秘術を尽して伊勢をくどいた。どんどん恋の歌も送り続けた。が、伊勢の反応はさっぱりだった。絶望した彼が、

「ね、私の歌、見てくださったのでしょう。なのに、『見た』とさえ言ってくださらないなんて」

と恨むと、伊勢は涼しい顔をして、

「見た」

とだけ返事した。これは返事にはならない。

「ね、見た、とだけでも言ってよ、ねえ」

「見た」

つまりそれ以上の返事はしたくない、ということなのである。このあたりに伊勢の深謀遠慮がある。名うての恋のベテラン平中に熱をあげられただけでいい気になるのは、フツーの女である。ベテランだからこそ、ここでは、ザンコクにふってこそ、女のお値打も上るというものだ。まだ二十歳になるやならず、そこまで計算できたとは、みごとなものではないか。

いや、それに、そのころ、彼女の前には、もっとすばらしい恋人が現われかけてい

た。もしかすると、そのことに心奪われ、平中なんかメじゃない心境であったのかもしれない。

＊

その大ものの恋人の名をあかすときは来たようだ。

宇多天皇その人である。

――エ、エ、エッ！

腰をぬかさないでいただきたい。宇多は伊勢の仕える女あるじ、中宮温子の背の君ではないか。そのお方と、伊勢がただならない関係ができるなんて……

常識では考えられない、という方もあるだろう。が、それが大手をふってまかり通るのが王朝という世界のふしぎさなのだ。今の感覚でフシダラの何のということは通用しない、と申しあげておいたのは、じつはここで腰をぬかさないための「準備運動」だったのである。

しかも、これは単なる噂ではなかった。伊勢はやがてみごもって、皇子を産む。推定では二十歳くらいのときのことだ。

――では、女あるじの温子はこの情事をどんな思いで眺めていたか。

一番気になるのはそのあたりのことだが、ことさら波風立った気配がないのもふしぎなことである。例の『伊勢日記』では女主従の間は至極円満で、むしろ温子は伊勢に同情的だったというふうに書いている。伊勢は出産した後、皇子を桂《かつら》の里（彼女の実家であろうか）において、また温子の許《もと》に帰ってくるのだが、ともすれば、わが子を思い出してしまう彼女の心の中を思いやるような歌を、温子は作っているのだ。

「里にいる皇子のことが気がかりなのね。それだから思い悩んでいるのね」

これに対し、伊勢も、

「はいそうでございます。あの皇子の行末のことを思いますと、いよいよ中宮さまにおすがりしなくてはなりません」

このやりとりをキレイゴトだという説もある。たしかに女の怨念《おんねん》――とりわけ一人の男を挟んでのそれはすさまじい。トップ・レディの誇りから、温子は自分の嫉妬《しっと》心をかくしたのだろうが、さて、心の中まで、そんなイイ子ではいられたかどうか……

そういえば、当時の二人の歌のやりとり等から、眼光紙背に徹して、女のチラリ、チクリを読みとっておられる学者もあるようだ。この方が真実に近いかもしれない。

ただし、一つ考えておかなければならないのは、当時の後宮のあり方と、温子の立場である。後宮にはいうまでもなく複数のきさきがいる。もちろんそれぞれ皇子、皇女を産んでいるのだが、温子の産んだのは均子内親王《きんしないしんのう》たった一人。皇子がいないきさきは、どうしても立場が弱い。

すでに頼みとする父親の基経は死んでいる。しかも宇多はこれ幸いと藤原胤子《いんし》という別のおきさきの産んだ皇子敦仁《あつぎみ》を皇太子にきめてしまった。

陽があたりはじめた胤子に比べて温子の影は薄くなるばかり……そのときに伊勢が皇子を産んだことは、温子の身代りをつとめたという意味もないわけではない。少し後のことだが、きさきに子供が恵まれないとき、その侍女が天皇との間にもうけた皇子をきさきの子として公表する場合もあったようだ。このあたり、現代の体外受精児の出産を請負う代理ママに何やら似ていはしないだろうか。あれこれ考えてみると、伊勢は案外忠実(?)な侍女だったのかもしれない。

それに上り坂にあった胤子がちょうどそのころ死んでいる。伊勢が皇子を産んだのはその前か後か。それによって、先の歌の意味もちがってくるだろう。もし胤子が生きていたとすれば、「いくら皇子を産みまいらせても、もう皇太子もおきまりですし、前途は不安です。おきさきさま、どうぞよろしく」

となるし、胤子の死後なら、

「巻返しの折にはどうぞよろしく」

ということになる。

しかし、ほかにも皇子も多いことだし、伊勢の産んだ皇子が皇位につく可能性はまずなさそうだから、政治がらみ、権力がらみの見方は、この際やめておく。それに、この皇子自身子供のころ（五歳または八歳といわれる）この世を去ってしまった。生臭い話はからむ余地もなくなったわけである。

皇子誕生以来、伊勢と宇多との間はいよいよ親密になった。皇子を産んだ折は、両親も大喜びしたというし、伊勢も、

「ほかの男の言うことを聞かないでよかったわ」

と言ったらしい。この間まさに彼女は恋の勝利者だった。が、まもなく宇多は譲位し、皇太子敦仁が即位する。醍醐《だいご》天皇である。宇多天皇が宮中を出るときの伊勢の歌があるが、やがて宇多は落飾《らくしょく》し、法皇と呼ばれるようになった。仁和寺《にんなじ》に住んだのはそれからしばらくしてからだ。女あるじの温子も数年後落飾し、やがて世を去る。

温子の死によって、一時実家に戻っていた伊勢は、その後、温子の残した均子内親王に仕えるようになった。そのころ均子は異母兄の敦慶《あつよし》親王と結婚していたようだ。兄妹の結婚というのは奇妙な印象を与えるが、そのころではさして珍しいことではな

かった。

この皇子はミスター・ジャパンともいうべき有名な美男だった。一名玉光宮《たまひかるのみや》と言われたとか、してみれば『源氏物語』の光源氏の原型のような人物といえるのではないか。かなりのラブ・ハンターだったらしく、たくさんの恋人がいた。そして、じつは、伊勢も敦慶の情事の相手の一人だったのである。
エ、エ、エッ。
これはオドロキだ。敦慶は自分の仕える均子内親王の夫ではないか。さきには均子の母、中宮温子の背の君、宇多と。そして今度は娘の背の君と。そして敦慶は、伊勢自身の恋人、宇多の息子なのだ……

が、動かぬ証拠がここにもある。伊勢は親王との間に女の子をもうけているのだ。これが女流歌人としても有名な中務《なかつかさ》である。この娘を産んだとき、伊勢は三十の半ばを過ぎていたはず。かなりの高年齢出産である。敦慶親王は八八七年の生れだから、二十代の半ば、推定ではあるが、十数歳の年下ということになる。

では、均子は二人の情事を、どんな思いで眺めていたのか。そのあたりが知りたいところだが、均子はじつは九一〇年に死んでいる。中務の誕生はその後と思われるので、あるいは均子の死後に情事が始まったのかもしれない。まあ、そう考えておいた方が無難だろう。

しかし、伊勢の行状をみつめているもう一人の瞳がある。

宇多法皇そのひとである。すでに落飾して色恋沙汰とは無縁になってはいたらしいが、

「や、や、や。今度は息子と？」

お盛んな伊勢の行状に、いちばんびっくりしたのはこのお方ではあるまいか。

それにしても、十歳以上も年上で、一代の美男に愛されるとは……。どんなテクニックを使ったのか伺いたいところだが、千年の歳月を隔《へだ》ててはそれも不可能だ。ただ二人の仲を推量するに足る歌が何首か残っている。

それによると、伊勢は、かなり積極的に親王にアタックしている。自分の家に秋草の花が咲いたのを親王の許に届けて、

「私のわび住居の庭にもこんな花が咲きました。もう飽きられてしまった私ですけれど、こんな荒れはてた庭の花を見に来てくださる人はないものかしら……」

かなり露骨なお誘いの歌である。恋のプリンスは、早速、

「ああ、いいよ、行くともさ」

という歌を贈っている。

「あなたが待っているなら、そして秋の虫のように泣いているというなら、すぐにも行ってあげる。こんなふうに花を折ってくれなくともよかったのに、ともに寝ながら花を眺めようじゃないの」

若い親王は自信満々というところだ。若い女性では味わえない濃密な伊勢のテクニックが、すっかりお気に召してしまっているらしい。年上の女は男に対して臆面もないほど積極的になる――という見本のようなものだし、親王の歌も、情事を隠そうともしない奔放《ほんぽう》さがある。

子供が生れて、二人の仲が多くの人に知られた後も、伊勢がそれを恥じている気配はない。敦慶親王の許で行われた歌合《うたあわせ》にも堂々と出席しているし、またそこで作った歌が名歌だとしてもてはやされた。

現代のタレントの中には、スキャンダルをふりまいて有名になり、それで下手な歌をカバーしているのではないか、と思われるのがいる。歌だけではとても勝負ができないからなのだろう。また歌手の所属しているプロダクションが、意識的にスキャンダルをでっちあげ、彼女を有名人に仕立てあげるというようなこともあるようだ。

しかし、伊勢の場合はそうではないらしい。情事も一級品好みだったが、それと切り離しても、歌の方もかなりのものだった。ただし、彼女の華麗な情事が、愛の歌人のイメージ・アップに何らかの形で作用していなかったとは言いきれない。

わが国最初の公式の勅撰《ちょくせん》和歌集である『古今和歌集』には、そのせいか、彼女の歌がかなりたくさん入っている。その数二十二首は女性のトップで、美女伝説で名高い小野小町を五首も上廻っている。つまり、『古今和歌集』の撰者は、伊勢を当代随一の女流歌人と評価したのだ。

もっとも、この『古今和歌集』の撰者の一人、凡河内躬恒《おおしこうちのみつね》は、伊勢のボーイ・フレンドだったという説もあり、このあたりに、ちらりと最多数入選の秘密も窺《うかが》えないわけではないのだが……

『古今集』の女流歌人のナンバー・1におさまった効果は絶大だった。この歌集が、王朝文化のバイブル化すると同時に、伊勢の存在はいよいよ輝かしいものとなる。『源氏物語』の著者も、伊勢にはかなりの敬意を表している。紫式部オバサマはなかなかの自信家で、意地悪マダムだ。清少納言の悪口など言いたい放題なのだが、伊勢に対しては一目置いている感じである。

それにしても、次々と恋人を取りかえ、しかもずらりと有名人をコレクションした彼女が、その面では一向に非難された気配がないとはどういうわけか。よほどかわいい悪女だったのか、それとも平安朝という時代が、不倫の何のと騒ぎたてることのない、「話せる時代」だったのか。現代のヘボ・タレントではこうはゆくまい。ちょっとしたスキャンダルなら御愛嬌だが、親子二代の子を産んだとなれば芸能界追放は必至であろう。性風俗が氾濫しすぎるの何のといわれる現代だが、むしろ平安朝よりはお行儀がいいのである。平安朝は優雅でエチケット第一の時代ではあるが、この方面にかけては、むしろ野放しの時代だった。

これは一つには結婚の形態にもよるものだろう。当時の男性は最初あちこちの女性の許に通ってゆく。最後にはその中の一人と共住みするが、そうなっても、他の女性との交渉は続くし、彼女たちも二号的存在ではない。共住みの女性と等しく「妻」なのである。

しかし、これを男性天国と思うのはまちがいで、女性側にとっても、男性が通ってこない状態のときは、他の男性を通わせても、格別ルール違反ではなかった。

こういうことができるのも、当時の女性は親の財産を受けつぎ、それによって生活をしていたからだ。つまり、経済的には夫の世話になっていなかった。それどころか、通ってくる夫の方が世話をして貰ったらしい。それは当然だろう。男の家の財産は姉妹が自分のものにしてしまうのだから、男はしぜん女の家をあてにすることになるのだ。

だから、今ふうに言えば女も経済的には夫の世話にならず自立していたわけなのだ。それだけに恋は純粋であり、またサヨナラも気軽に言えたのではないだろうか。

さて、彼女のフィナーレを語っておく。娘の中務が二十くらいになったとき、敦慶親王が亡くなった。伊勢は五十半ばに達しているはずだ。その翌年、宇多法皇も世を去った。それでも彼女はしたたかに生き残り名歌を残した。「実年」をばっちり生きたわけである。

その華やかな生活が、和泉式部に比してなぜ霞《かす》んでしまったのか。思うにパートナーが余りにゴリッパすぎたからではないか。天皇さまやそのお子さまが登場するのでオソレ多さに御遠慮申し上げているうち、つい影が薄くなったのかもしれない。が、すでに千年も昔のお話だ。そろそろしたたかな悪女に乾杯しなおしてもいいのではないか。

王朝の長寿VIP
藤原彰子の系譜

われらオバン族に悲鳴をあげさせるような新聞記事が登場した。

「日本の女性は長寿世界一、平均寿命は八十歳を越えた」

ヒェーッ。どうしてくれるの。

日本人の平均寿命が五十を越えたころは、何となくほっとしたものだ。そういえば私の父も伯父も伯母も五十のラインを越えずに死んだ。肉親との別れを経験している身にとって、そういう悲劇が少なくなるのはいいことだ——と思っているうちに、平均寿命はニョキニョキとのびて、六十、七十、八十……

「ワァ、ヤダ、モウ」

こうなっては考えこまざるを得ない。

「人間五十年、下天《げてん》のうちを較《くら》ぶれば夢まぼろしの如《ごと》くなり——」

桶狭間《おけはざま》の戦いに出陣するとき、二十七歳の信長はこう歌った（下天は正しくは化転《けてん》であろうが、『信長公記』にはこうある）。人生五十年の半ばをすぎたばかりの彼の、「ええい、やってやるか」の意気込みであり、討たれた今川義元もまだ四十二歳だった。それを五十過ぎた信長が、

「人間八十年……」

と歌ったのではどうもしまらない。定年間際の脱サラ宣言になってしまう。老いゆく先を思いうかべて、ユーウツになってきたが、そのうち、

あッ！

と思いだした。

そうだ。長生きは何も現代女性の専売特許ではないのである。九百余年のその昔、平安時代に、それも三代続いて八十を越えるすさまじさ。祖母八十六歳、母親九十歳、本人八十七歳、現代女性を尻目にかけての御長命なのだ。しかも、それぞれが、ただボワーッと生きていた、というわけではない。みな、

——もし、この人なかりせば。

日本の歴史はかなり大きく変っていたかもしれない、というＶＩＰばかりなのであ

る。それにしても三人まとめて二百六十三歳とは、フル・ムーン族など顔色なしではないか。

さて、そのトップは藤原穆子《ぼくし》。藤原朝忠《あさただ》という人の娘だが、祖父は右大臣まで上った定方《さだかた》、といい、その姉妹《きょうだい》は天皇のおきさきになっているという名門である。もっともこの時代、藤原氏内部での勢力の交替はめまぐるしく、穆子のころは、やや主流を離れた形になっていた。

年頃がくると、彼女は宇多天皇の血をひく源雅信《まさのぶ》という貴族と結婚する。彼も源氏の代表的人物で、後には総理大臣ともいうべき左大臣にまで昇進するが、穆子と結婚したころはまだ出世コースに乗った少壮官僚というところだった。

この当時の結婚は原則として婿入りである。雅信はのちに一条《いちじょう》左大臣と呼ばれているので穆子の邸がそこにあったと思われるが、最初はその近くの土御門《つちみかど》の邸に住んでいたらしい。ここにも穆子の邸はあったものとみえる。それぞれかなり広大で、やや主流からははずれたとはいえ、穆子の家は相当に裕福だったのだ。

穆子が女の子を出産したのは三十四歳、このとき夫の雅信は参議《さんぎ》といって、閣僚クラスにまで昇進していたが、すでに四十代の半ばである。

なかなか器量よしのこの子を、熟年パパは溺愛《できあい》した。このころの習慣で、雅信にはほかにも妻がいたのだが、どういうものか女の子に恵まれなかった。

「おお、いい子じゃ、いい子じゃ」

妻をかえりみて、雅信は言う。

「この分じゃ、帝《みかど》の后《きさき》になれるかもしれんぞ」

男親というのは娘に甘い。それに雅信は家柄には自信がある。夢は一年ごとにふくらんだ。娘が天皇のおきさきになり、もしかして皇子を産み、この皇子が即位ということにでもなれば、雅信は外戚として天下の権を握ることができるではないか。

――まさにこの姫こそわが宝……

しかし、何たることか、その夢は、この娘、倫子《りんし》が年頃になったころ、ほとんど実現の望みはなくなっていた。

それは彼女の責任ではない。陰謀がらみの天皇の交替があり、即位したのは何と七歳の幼帝（一条）だったのだ。その成人を待っていたら、倫子はトウが立ってしまう。

――ついてないなあ。

がっかりした雅信に、穆子がとんでもない縁談を持ちだしたのはそのころである。

「あなた、摂政《せつしよう》藤原兼家《かねいえ》どのの子息、道長《みちなが》どのはどうでしょうか」

「何だ、道長だと」

とんでもない、と雅信は顔をしかめる。藤原兼家は一条即位によって摂政になった男である。一条の生母、詮子《せんし》（道長の姉）は彼の娘だった。娘の産んだ皇子を即位させるべく、彼は相当強引な工作を行って先帝をひきずりおろしている。そのやり方がまず雅信には気に入らないのだ。そのころ雅信はすでに左大臣になっていたのだが、それまで自分より下の右大臣だった兼家が摂政となって威張りくさっているので甚《はなは》だおもしろくなかったのである。

――あの成り上りものが……

という思いがある。それに道長は兼家の五男だ。長男、次男は親の七光りで出世も早いが、しっぽのほうではまず見込みはない。

――天皇のきさきにもと思った姫の婿にあんな男を。

しかも道長は地位も低い。せいぜい中の上というところで、左大臣家の婿になれる柄ではない。今ならさしずめ課長クラスというところか。

雅信はとりあおうとしなかったが、ここで意外と粘りをみせたのは、穆子である。

「あの方なら、姫にぴったり」

強引に夫を説得してしまった。やはり娘の縁談となると母親は猛烈な押しの力を発揮する。これは昔も今も同じことらしい。それに先に言ったように、穆子はつまり婿とりである。莫大な資産を持つ個人オーナーといったところで、一家の将来については、婿どのを抑えて、かなりの発言力を持つのがこのころの習いであったようだ。

が、後になって思えば――。

穆子の眼力には敬服せざるを得ない。雅信から、

「何だ、あんな若造」

と鼻であしらわれた男こそ、後に王朝最大の権力者となる藤原道長そのひとなのだ。まったく人の運命はわからないものである。もし、このとき、穆子が、

「はい、じゃ道長どのはやめにいたしましょう」

と言えば、倫子は三国一の婿どのを取り逃すところだったのだ。そしてじつは道長の出世にとっても、この源雅信一家は大きな支えになっている。この結婚がなかったら、道長の未来もはたしてどうだったか。

そう思ってみると、この穆子の存在は大きな意味がある。

もし穆子なかりせば、平安朝の歴史は大きく書きかえられていたかも――とまでいうのは少しオーバーかもしれないが……。

さて、こうして誕生した道長と倫子のカップルについては、すでに前作『歴史をさわがせた夫婦たち』に書いているので細かいことは省略するが、倫子二十四歳、道長

二十二歳で結ばれた二人の間には、翌年早くも女の子が生れる。これが、長寿三代目にあたる彰子《しょうし》である。雅信にとっては眼に入れても痛くない孫娘だ。

——早く大きくならんか。

この娘が数え年三つになると、待ちかねたように袴着《はかまぎ》の儀式を行った。今でいう三つ、七つのお祝であるが、当時は何歳にやるとはきまっていなかったものの、むしろもう少し成長してから行うことが多かった。

この日、雅信はおレキレキを祝宴に招待した。儀式の中心である袴の紐《ひも》を結ぶ役はもちろん雅信である。

——この次は裳着《もぎ》じゃなあ。

終ると早くも次のことを考える。裳着というのは成人式で、袴の上から、さらに裳《も》というしろに裾《すそ》長く曳《ひ》くロングスカートのようなものをつけるのである。

が、残念ながら雅信は孫娘の裳着の祝を見ることはできずに世を去った。ときに七十四歳、年の違う穆子はその後二十余年長生きして八十六歳で世を去るのである。

これはしかし、単に長寿を保ったというだけではない。十二歳になった孫娘の裳着が終ったそのときから、この華麗なる女系は最高の栄光を手に入れるのだ。孫娘、彰子が一条天皇のおきさきになるのである。

「あなた、夢がいま叶えられましたわ」

穆子は地下の夫にそう告げたことであろう。娘の倫子はおきさきにはなれなかったが、その代り、倫子の産んだ彰子がその夢を実現したのである。

しかも長生きしたおかげで、穆子は孫娘の彰子が皇子を産むのを見届けることができた。いや、それどころか、その皇子敦成《あつひら》が、即位するまで彼女は長生きするのである。彼女が世を去ったのは、敦成（後一条天皇）が即位したその年の七月、いわば彼女は蒔《ま》いた種の収穫をそっくりとわが手におさめ、じっくり味わいつくした最も幸福なオバアチャマということができる。こんなにうまく行くなら、長生きも悪くないな——ちょっとそんな気にもさせてくれる存在だ。

＊

次の倫子は省略し、娘の彰子を語る中でふれる程度にとどめたい。

さて、彰子が十二歳で裳着をすませると、まもなく入内《じゅだい》の準備が始まる。

たった十二歳の花嫁？　ちょっとかわいそうな気もするが、当時はこうした例は珍しくはなかった。父の道長は最高権力者だし、その支度の豪華さは、聖・輝の結婚二億円どころの騒ぎではなかったであろう。

しかし、これは道長が、娘かわいさの余り、富と権力にまかせてぜいたくの限りをつくしたのでは決してなかった。道長には、そうしなければならない理由があった。というのは――。

すでに一条にはおきさきがいたのだ。定子《ていし》というおきさきは、道長の兄、道隆《みちたか》（すでに死亡）の娘で、一条よりも年上、教養豊かなトップ・レディで、二人の間には皇女が生れている。年若い一条は、はじめ定子を姉のように慕い、憧れに近い感情を懐《いだ》いていたようだ。定子は父親を失い、強力な後楯《うしろだて》は欠いたものの、そうした悲運が、かえって一条と定子の仲を近づけた、ともいえる。

その中に、道長はいたいけな少女を送りこむのである。

――しっかりやれよ！

せめて身辺は豪華に、定子を数段上廻る支度をさせてやらねばならない。今の常識からいえば、

――何もそんなところへ娘をやらなくてもいいじゃないの。

ということになりそうだが、

――それじゃ、やめとこ。

といかないのが、この時代の辛いところなのである。最高権力者の娘に生れた以上、天皇のおきさきになるのは予定のコースなのだ。おきさきにもなれないのは、よほどのクズ、と思われてしまう。純血種サラブレッドに生れた以上、ダービーには出なければならないのである。

が、向うの定子は年も上だし、大学院卒くらいなインテリ女性だ。しかも周囲への気配りもいい。一条の心を捉えきっている。そこへ割込んでゆくのだから、浩宮のおきさきになるのとはちょっとわけが違う。

この娘の身の上を気づかって、道長がつけてやった持参品目の一つが紫式部である。まだ学力も足りない娘の、お抱え家庭教師をつとめさせるためだった。当時はかな文字全盛の時代と思われがちだが、しかし表看板の学問は、やはり漢詩、漢文である。現在、とにかく英語ができなきゃ話にならない、というのと同じと思っていい。

紫式部は学者の家に育っているから、漢詩漢文の素養がある。そこを見込まれて、定子の身辺につき添い、こっそりと漢詩、漢文の手ほどきをした。ついでに言うと、定子の方には清少納言がいたが、彼女は定子の家庭教師というよりもお相手役である。すでに定子は教養は十分積んでいたから、いまさら家庭教師の必要はなかったのだ。

ただし、このころはこうしたおきさきの許《もと》に、高官たちがしきりに出入りする。彼らも教養人だから、お相手になる女房たちも、彼らに打てば響くような返事ができる必要がある。その意味で清少納言は定子サロンの花形だった。

一方の紫式部は、機転をきかせて貴族たちと丁々ハッシとやりあうタイプではなかったらしい。その代り彼女は彰子サロンのオリジナル作品である『源氏物語』をせっせと書いた。これによって、サロンの評判を高からしめる存在として、彼女は彰子の身辺になくてはならぬ人物となった。

しかし、いかに身辺を飾りたてられようとも、彰子の入内には、はじめから不安がつきまとっていた。というのは、当時定子がふたたび身ごもっていたからだ。もし、皇子が生れてしまったら？　一条の後継者は、やはりこの皇子ということになるであろう。何しろ彰子は十二歳、いかに早くとも子供を産めるのは数年先のことだろうから。

当時の貴族は競って娘を天皇の後宮に送りこむが、しかし、それだけでは彼らの権力は保証されない。その娘が皇子を産み、皇太子ときまり、父の譲りをうけて即位しなければ、真の権力者にはなれないのだ。これが外戚政治の根本パターンである。

だから定子が皇子を産み、その子が即位すれば、栄華を誇れるのはその一族であって道長ではない。しかも定子の出産は近づいている……

道長は危険な賭をやったのだ。皇子が生れてしまってからでは、いよいよ間がぬけてしまうから、一足先にすべりこむ。豪華なウエディング・マーチの蔭には、父の苦悩がにじんでいたのだが、この演出は辛《かろ》うじて成功した。定子が皇子を産むのは、彰子の入内騒ぎが終るか終らないかのときだった……

——まあ、何てかわいそうな彰子。

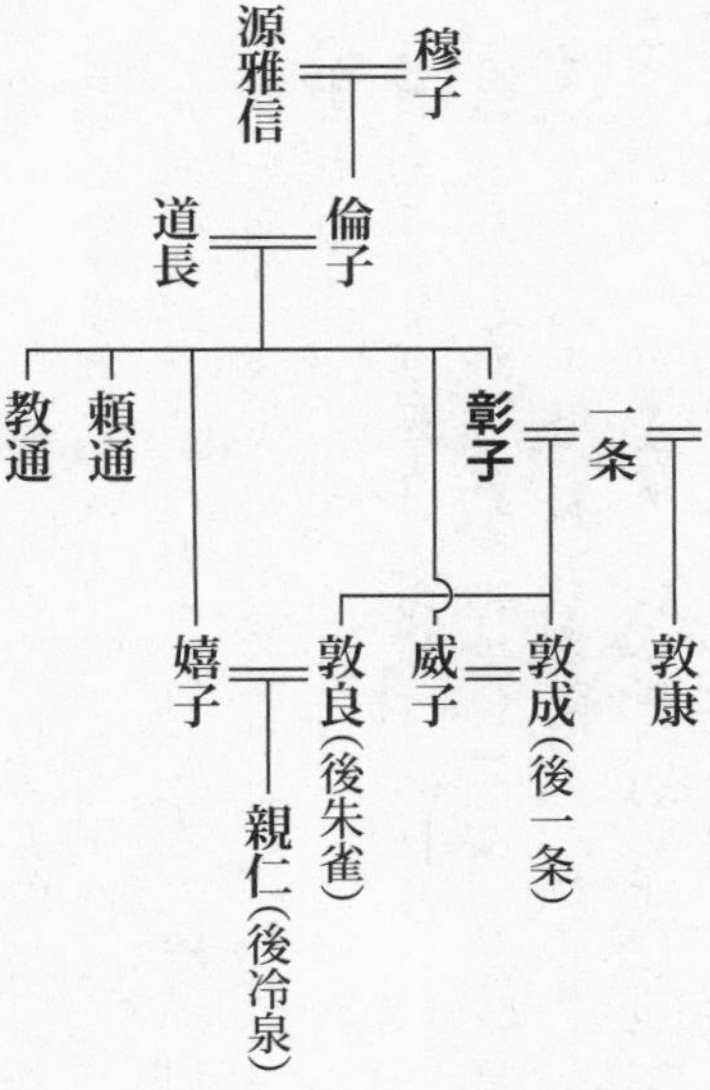

思わずそう言いたくなるところだが、しかし、悲劇の姫君を連想するのは、とんだお門違いである。当の彰子姫は案外けろりとしているのだ。一条天皇が、この少女に笛を吹いて聞かせたときも、その顔を見ずにそっぽを向いていたらしい。

「どうして私の笛を吹くのを見てくれないの？」

一条が言うと、

「あら、だって笛は聞くもので、見るものじゃありませんわ」

平気でそう答えたという。

このあたりが三代目の頼もしいところである。周囲ははらはらするのだが、重圧などは少しも感じていない。このネアカとのびやかさに、さらに磨きがかかるのは、これからである。

じつはこの後、定子はさらに一人の皇女を産む。まだ彰子には身ごもる気配もないころである。しかし出産が終ったとたん、容態が急変してこの世を去ってしまう。おそるべきライバルは、彰子が手を下したわけでもないのに、みずから舞台を降りてしまったのだ。このあたりは、ネアカの彰子の持って生れた運の強さ、としか言いようがない。ほかにもおきさきはいたし、中には妊娠宣言をしたものもあった。これがとんだ早とちりであったことは、次の章をごらん願いたい。

が、とにかく、皇子を身ごもらないことには彼女とて素腹《すばら》のきさきであることに変りはない。

――まだか、まだか……

そう言いたげな父の眼が、彰子の体を舐《な》めまわす。神経の細い女性なら、ノイローゼに陥るところだが、案外、彼女はけろりとしている。

いや、それだけではない。定子の忘れ形見の皇子、敦康《あつやす》の身辺の面倒を見ているのは実は彼女なのだ。年若ながら母代りの立場でライバルの子をかわいがるなどということは、なみの女性にはなかなかできることではない。

では、なぜ彼女は、敦康の面倒をみたのか。万一、子供に恵まれなかったときのスペアとして……。何しろ敦康は一条の第一皇子である。子供が生れなかったときは自分の猶子《ゆうし》（養子分）として、積極的に皇太子に推す。他人に囲いこまれないように確保したのだといえる。

が、それだけではない。不遇になったライバル一族が怨霊《おんりよう》となることの防止策である。今考えると滑稽《こつけい》なようだが、平安朝の人々は、マジメに怨霊を恐れていた。とりわけ、政争の相手が不遇の死をとげると、必ず復讐にやってくる、と考えていた。

菅原道真がそのよい例で、彼はライバルである藤原時平によって政界から退けられ、九州に流されたまま、その地で命を終えている。その後、宮中に落雷があって、ライバル側だった男が感電死したり、時平の血をひく人々が次々に早死したのは、みなその祟《たた》りだと考えられた。醍醐天皇もその祟りで神経障害を起した一人であり、以後、さまざまな形で、道真は悪霊《あくりよう》となって都の人々を苦しめた。これを恐れた人々が、北野と九州に天満宮を作って道真を祀《まつ》ったことによって、やっと悪霊は鎮《しず》められる。今でこそ受験に御利益のある天神《てんじん》サマということになっているが、そのころは、実に恐るべき猛悪な怨霊だったのである。

そういう前例があるから、当時の人々は、自分の倒した相手が怨霊になることを極度に恐れ、早手廻しにその関係者に手をさしのべるのだ。一条天皇の母である詮子も、そういう役割をはたした女性である。

道長や詮子の父にあたる兼家は、かなり強引な策謀家だ。ペテンに近い形で天皇を退位させるようなこともやってのけることはすでに書いたが、そのほかにも、彼の画策で権力の座を追われた人間も何人かいる。詮子はその中の一人、源高明《たかあきら》の娘を手許にひきとって、母代りに面倒をみている。この女性が、やがて道長のもう一人の妻になる明子《めいし》だが、詮子の明子に対するいつくしみ方は異常なほどだった。

今から考えると、奇妙な感じがするが、当時としては、ちゃんと理屈の通った措置《そち》であって、しかもこういう場合、詮子のような一族の大黒柱である女性が、体を張って怨霊防ぎをするのである。

彰子の敦康に対する態度もまさにそうだった。そして年若ながら彼女は、早くも藤原道長家の大黒柱としてその任務をはたそうとしはじめたのである。

これはすでに政治の世界の問題である。個人の好悪を抑えても、大きな政治の流れの中で何が一番必要かを判定し、それに従ってゆく。彰子は年若とはいえ、早くもその感覚を身につけたようである。

外見がいとも優雅なオ姫サマなので、後世の人々は、こうしたトップ・グループの女性の政治的判断力をつい見過しがちだが、それをぬきにして平安時代を考えることはできない。つまり、王朝女性は思いのほか図太く、しっかり肚《はら》の中で損得の計算のできる、ゴリッパな女性で、彰子はその代表選手の一人なのである。

もちろん、これは彰子ひとりの資質ではない。母親の倫子も、このあたりの才覚はみごとなものだ。さっきから何度か登場する詮子は道長の姉だから、倫子にとっては小姑だが、一条の母后《ははきさき》として、政界に隠然たる勢力を持つ詮子に対して、彼女は、じつに要領のいい接近のしかたをしている。夫の道長を売り出すための巧妙なゴマスリをやってみたり、ときには邸宅をすっぽりプレゼントしたり……

彰子の政治性は、多分にこの倫子に負うところが多い。自分自身、九十歳という長寿に恵まれた倫子は、娘に伝えたのは、単に肉体的な強靭《きょうじん》さだけではなかったのである。

が、周到な政治的対策を立てるまでもなく、結局、彰子は皇子を産む。敦成、のちの後一条天皇だ。続いて幸運にもまた皇子を――。敦良《あつなが》、のちの後朱雀《ごすざく》天皇である。

一条天皇が危篤に陥ったとき、すでに東宮はいとこの三条《さんじょう》、ときまっていたが、その次の後継者として指名されたのは、敦成だった。ここではっきり敦康は皇位への望みも断たれたわけだが、道長にとっても彰子にとっても、これは既定のコースであった。

『栄花物語』はこのとき、彰子は、敦康が指名から洩れたので、大変悲しみ、

「何で敦康にしてくださらなかったの？」

と泣いて道長に抗議したというが、これはいささかセンチメンタルな解釈だ。わが子が皇位につけることを喜ばない親があるだろうか。もし、敦康が〝即位したら〟どうなるか。営々と築いてきた道長と彰子の王国は瓦解してしまうではないか。それがわからないほど政治的感覚の欠如した彰子ではないはずである。

＊

さて、一条が死に、ついで三条が譲位すると、いよいよ後一条時代である。この時期がじつは彰子の黄金時代なのだ。一条と死別したとき、まだ彼女は二十四歳、以後の未亡人生活の長さを見て、

――お気の毒に。

という人もあるが、これは誤解である。彼女は天皇に付属した飾りものではない。自分の息子が即位したときこそ、母后《ははきさき》として、日本の女性ナンバー・1の座につくのだ。

このとき、もちろん父の道長は健在である。幼帝後一条の摂政として、彼もしっかと権力を手にすることができるのだが、後一条と道長の間に立って重要な役割をはたすのが母后である彰子なのだ。

たとえば、摂政になった道長には、特に朝廷から儀仗《ぎじょう》と警固のための近衛《このえ》の官人を賜《たま》わるのだが、こうした命令を出すのは幼い後一条には不可能だから、代って彰子が代行する。つまり、道長は、形式的にはわが子である母后、彰子から頂戴することになる。

「いや、まことに有難きしあわせ」

道長もくすぐったい思いで、わが子からその恩典をうけとったことだろう。こんなふうに、彰子はトップ権力の環に組みこまれている。これは決して道長の七光りに支えられてのことではない。それが証拠に、万寿四（一〇二七）年、道長が死んでも、彰子の権威は全くゆるがない。

長元九（一〇三六）年、後一条天皇が世を去り、彰子は息子に先立たれる悲哀を味わわされるが、代って皇位についたのは、その弟敦良である。後見役たる彰子の重みはいよいよ益《ま》してくる。

とはいうものの、彼女は驕《おご》りたかぶったクイーンではなかった。例えば、当時の実力者の一人、右大臣藤原実資《さねすけ》に、こんなことを言ってやっている。

「しばらく、ゆっくりお話もしていませんね。私の所へもあれこれと頼みごとを持ちこんでくる人が多いのに、あなたはそういう面倒なことはおっしゃらない。でも、時には顔を見せてくださいな」

実資は、父道長にとっても、なかなか手強《てごわ》いライバルだった。ガクはあり、家柄はよし、彼の日記を覗くと、道長の悪口がたくさん書いてある。つまり与党内反主流派というところである。道長も在世中、彼の扱いにはかなり気を遣っている。もともと道長という人はワンマン・タイプではなく、なかなかバランス感覚のいい気配り名人なのだが、とりわけ実資の顔を立てることは忘れなかった。

彰子は道長の政界操作術までちゃんと受けついでいたらしい。当時の政界のトップは道長の息子、つまり彼女の弟の頼通《よりみち》だが、苦労知らず、政治的手腕も凡庸な彼を、背後から支えているのは、彼女であった。

一方、一言居士《こじ》で意地悪政治評論家でもあった実資も、どうやらクイーンのウインクにはころりとまいったらしく、両者の関係はかなり親密だった。

この実資を巧みに抱きこむあたり、彰子の政治手腕をかいま見る思いがするが、しかし、このエピソードの中で、もう一つ重大なことを見逃してはいけない。それは彰子が、政治家たちがいろいろ頼みごとを持ってやってくる、とみずから言っていることだ。

政界の表舞台から身を退いているが、依然影響力甚大《じんだい》で、事務所や自宅におしかける政治家がひきもきらず——という現象は、現代の我々もすでにおなじみである。そのたくましい脂《あぶら》ぎったお顔を、優雅なおすべらかしとさしかえ、きらびやかな王朝風衣装に着せかえると彰子になる、と思っていただきたい。

だから、先に触れたきさきたちのサロンも、単なる優雅な恋の花園ではなかったのだ。貴族たちは、きさきに仕える女房たちに恋を囁《ささや》き、ウィットにみちた会話を楽しんでいるかのようだが、眼は油断なく、きさきの身辺に注がれている。トップ・シークレットを探ろうというのだ。政治の動向をいち早く摑み、自分の出世のチャンスを狙う。時には女房たちを口説いて、彼女から、きさきに昇進希望を伝えてもらう。いわば彼らにとって後宮サロンは、趣味と実益をかねた草刈場だったのである。我々はその優雅な一面だけに注目しがちであるが、それぞれの後宮サロンは、かなり生ぐさいものであったのだ。

彰子はそのサロンの中心的存在だった。そして驚嘆すべきは、八十七歳で亡くなるまで、彼女が現役のクイーンであり続けたことだ。残念ながら、二番目の息子、後朱雀も彼女に先立って世を去ってしまうのだが、その後を継ぐのは、後朱雀の子、親仁《ちかひと》(後冷泉《ごれいぜい》)である。つまり孫にあたる親仁のためにも、彰子は後見役をつとめるのである。

後冷泉の在位は二十四年、比較的長いほうだが、この孫もオバアチャマの長命には敵《かな》わず、四十四歳で世を去る。残念ながら、子供がなくて、後をついだのは、異母弟の尊仁《たかひと》(後三条)であった。じつはこれまでの後一条、後朱雀の二人のきさきは彰子の妹たちである。つまり身内でがっちり周辺を固めていたのだが、今度即位した後三条は、妹とは別のおきさきの所生である。彰子ファミリーにはちょっぴり翳《かげ》がさした感じだが、彼女はそのときも、ゴッド・マザーとして、権威を保ち続けた。

むしろ弟の頼通の方が力つきている。せっかく天皇のきさきにした二人の娘に皇子が恵まれなかったこともあって、道長のような強大な外戚にはなりそこねた。晩年は老化も手伝ってか、宇治の別荘にこもりがちだった。現在の宇治の平等院がそれだが、もともと藤原氏の別荘だったものを、永承七（一〇五二）年に、彼は寺に改めている。この年から世界はいよいよ末法《まっぽう》の世になる、と考えられていたので、せめて善根を施そうと思ったのかもしれない。

頼通が一線を退いた形になった後、これに代って第一人者となったのは、その弟、教通《のりみち》であった。彰子はこの弟のためにも後楯となってやっていたが、承保元（一〇七四）年、八十七歳の長い長い生涯を終えた。弟の頼通も同じ年に、八カ月程先立ってこの世を去っている。こうなってみてわかるのは、彰子の影響力の大きさである。支えを失った教通の権勢はあえなく崩れ、さしも栄華を誇った道長ファミリーは、以後、下降の一途を辿るのである。

彰子はいわば、この藤原氏の最高の栄誉の時代を生きた王朝のシンボル的存在なのだ。それも、父のお蔭で栄光のおこぼれにあずかったのではなく、自分自身で栄光を支え、一族のために栄光を造りだしたのである。

――もし、彰子がいなかったら、道長家の栄光はあり得なかったかもしれない。

かけ値なしにそう言うことができる。

それにしても、女三代のこのたくましさ！　その長寿には、改めて驚嘆せざるを得ない。平安朝は一面では流行病に悩まされた時代だった。何年かに一遍は「赤もがさ」

（天然痘のようなものであろうか）とか、強力な伝染性の病気が流行し、ばたばたと人が死んだ。ときには高官たちまで感染し、閣僚クラスの人間が半分くらい数カ月のうちにこの世から姿を消してしまったこともある。

この苛烈な状況の中を、彼女たちはけろりと生きのびた。その中の倫子は四十すぎてから出産もしている。この強靭な生命力は、いったいどこからきているのか。

食生活も決して豊かではなかった。以前「文藝春秋」誌の企画で、古代から江戸までの食事を実際に味わわせてもらったが、その中で最もお粗末で魅力がなかったのはこの時代の食物だった。もっともその低カロリーが体によかったのかもしれないが。

しかし、長寿のコツを彼女たちに尋ねたら、きっとこう答えるに違いない。

「そりゃいつまでも現役でいることですわ。政治の修羅場《しゅらば》も体験しながら……」

ン、モーッ、としか言いようがない。

王朝の落ちこぼれ女御

藤原元子

寺の中には僧侶の読経《どきょう》の声が満ち満ちていた。

「南無《なむ》薬師《やくし》如来《にょらい》、薬師如来……」

ところは太秦《うずまさ》の広隆寺《こうりゅうじ》。今は飛鳥時代の弥勒《みろく》菩薩《ぼさつ》像で有名な寺だが、平安朝のそのころは、御利益《ごりやく》のある薬師如来が信仰を集めていた。

読経の声にまじって、女のうめき声が聞える。

「く、く、苦しいっ。う、ううむ……」

しきりにお腹を押さえているのは俄《にわ》かに産気づきはじめたのである。

もともと、出産予定日は過ぎていた。それでもいっこうに出産の気配がないので、霊験《れいげん》あらたかなこの寺にお籠《こも》りにきたというわけなのだが、薬師さまのあまりにもスピーディな御利益に、むしろあわてふためいているのは、寺の別当《べっとう》（長官）である。

「ここで御出産？　そ、そ、それは困りますなあ」

寺の聖域でお産などとはとんでもない。しかし、産気づいてしまった女性を追いだすことは気の毒である。まして彼女はやんごとない身の上。ときの天皇、一条帝のおきさきの一人、藤原元子《げんし》なのだ。

元子の父は右大臣《うだいじん》藤原顕光《あきみつ》。つまり副総理格の人物である。顕光自身も別当以上の取り乱しぶりだ。

「そりゃもう、お寺をお産で汚《けが》したてまつりますことは申しわけもありませんが、なにとぞ、なにとぞ、お見逃しを」

えらいさんであると同時に、たいへんな資産家でもある彼のことだ。

——安産の暁には、もちろん、お礼はたっぷりと……

手をあわせながら、目配《めくば》せをしきり。こうなれば、別当も眼をつぶるほかはない。

——うん、されば、お布施《ふせ》はたっぷりというわけか。ふん、ふん。

読経の声は一段と高まる。

元子はいよいよ身もだえした。

「姫さまっ」

「お気をたしかに！」

侍女たちが元子を支える。当時の出産は現在と違って坐産《ざさん》だった。起きあがった産婦に介添《かいぞえ》がつく。

遂に、一瞬！

元子は悲鳴じみた叫び声をあげた。

世にもふしぎな現象が起ったのは、そのときである。

早期破水であろうか。

が、この現象をそう名づけていいものかどうか、ちょっとためらいがある。なぜなら、元子の体内から流れでたのは、おびただしい水だけ。胎児の影も形も見出すことができなかったからだ。

この事件について一番くわしい『栄花物語《えいがものがたり》』の原文はこうある。

「水つきもせず出来《いでき》て、御腹《はら》ただしひれにしひれて、例の人の腹よりもむげにならせ給《たまひ》ぬ」

水が無限に出てきて、お腹はたちまちしぼみにしぼみ、ふつうの女性のお腹よりぺちゃんこになってしまった、というのだ。平安朝ふうの敬語はちりばめてあるが、描写はきわめてドライである。歴史上の人物の病歴にくわしい服部敏良氏は、これは妊娠ではなくて、俗にいう腸満《ちょうまん》という病気で、腹水のたまる滲出性腹膜炎《しんしゅつせいふくまくえん》、あるいは腹水病というふうに見ておられる（『平安時代医学の研究』）。だとすれば、胎児が出てこないのも当然だ。

妊娠か、病気か？　今の医学ならたちまち見分けがつく。御当人だって、

「産婦人科に行ったら、内科へ廻されちゃった」

多少照れくさい思いをするだけですんでしまうし、周囲も、

「オメデタじゃなかったの。ザンネン」

ぐらい言っておけばいいのだが、平安朝ではそうはいかない。この一大珍事によって、元子はすっかり運命を狂わせてしまう。

何となれば、彼女は天皇のおきさきだったからだ。それも、異常体験で面目が潰《つぶ》れたという程度の問題ではない。じつに彼女一族の命運はこれで閉ざされてしまうのである。

平安時代は外戚政治の時代だといわれている。有力な貴族が娘を天皇の後宮に送りこみ、天皇の外戚となって政治権力を握る、というわけだが、これまでも少し触れてきたように、天皇の傍に娘を送りこんだだけでは権力を握ることはできないのだ。

ここでまとめてみると、まず、かんじんなのはその娘が男の子を産むことである。

そしてその子が皇太子に立てられ、さらに皇位につかなければならない。そのとき、当の貴族は、はじめて天皇の外祖父として絶大な政治力を発揮することができるし、娘も先帝のきさきであるというより、現帝の母親として、天皇に対して強力な母権を行使することができるのだ。

この天皇・母后・外祖父がワンセットで顔を揃えた時代というのは、平安朝四百年の間にもそう多くはない。この理想をめざして貴族たちはしのぎを削るのだが、天皇が即位するまでに、オジイチャマが死んでしまったり、母后が死んでしまったり……

さらに不運なのは、せっかく後宮に入れた娘に男の子が恵まれない場合である。そしてさらに不運なのは、男の子も女の子も生れない場合である――と書けば元子のおかれた状況がおわかりになるだろう。とりわけ彼女の場合、みごもったはずなのに、男の子も女の子も生れなかった。

彼女の産んだのは水だけ……

ということになると、彼女自身が何やら異形《いぎょう》の者めいてくる。

「いえ、あれは腹膜炎で――」

などという言いわけは通用しない。じじつ後世の貴族の日記には、彼女が「水を産んだ」と書いてある。死産や流産ならそのころはざらにあったから異とするにはあたらないが、水を産むとは凶々《まがまが》しい。縁起《えんぎ》をかつぐそのころ、彼女は決定的なダメージをうけてしまったのだ。

このとき、父親の顕光は、膝をかかえ、空を仰いで、呆《ほう》けたような顔をしていたという。

その気持はよくわかる。このとき、彼は先に書いた三者ワンセットに最も近い地位にあった——少なくとも彼はそう信じていた。

——いまひと息！ ここで皇子が生れれば、俺は政界のナンバー・1じゃ。

その夢が、娘の体内から流れでる水とともに、「しゐれにしゐれ」てしまったのだ。

——こんなことになろうとはなあ……

手の届くところにあった幸運はたちまちにして消えた。これが平安朝政界の悲しく、かつ滑稽なところである。

＊

皮肉なことに、この不幸は最初、幸運の仮面をつけて元子父子の前に現われた。もともと父の顕光は魯鈍《ろどん》に近く、右大臣になれたのがふしぎなくらいおめでたい男なのだが、その顕光ならずとも、この幸運には眼をこすりたくなったに違いない。

その幸運の起りは、時の左大臣藤原道長が、

「右府の姫君を帝のお傍に――」

と言ってくれたことにある。

「な、なんと、わが家の姫を……」

返事をする前に、顕光の唇許《くちもと》は、だらしなく笑み崩れた。そして道長に感謝するより前に、

――そうだとも。そうこなくっちゃいけない。

ひそかに胸を反《そ》らせたにちがいない。

――わが家はもともときさきを出すにふさわしい家柄だものな。

これは顕光の思いあがりではない。彼の家はたしかに藤原氏中の主流派の一つだった。藤原鎌足《かまたり》にはじまるこの家は、奈良・平安両時代を通じて常に主流派だったが、藤原氏の中で、じつは激しい主導権争いがあった。血をわけた一族とも思えない、すさまじい政争を経て、平安初期に権力を握ったのは、その中で北家《ほつけ》とよばれる家筋だが、今度はその北家の中が内部分裂し、その中で主導権争いが始まる。そのすさまじさは現代の与党の派閥争いと同じと思えばいい。

派閥争いに勝ちぬいたのは九条《くじょう》流といわれる家筋で、たしかに顕光はこのエリート一族に属していた。とはいうものの、その中ではやや盛りをすぎた感じがなきにしもあらず、というのが実情である。

顕光の祖父にあたる師輔《もろすけ》が九条流の祖で、この師輔の三人の息子、伊尹《これただ》、兼通《かねみち》、兼《かね》家《いえ》が続いて権力の座についた。顕光の父は兼通だが、彼は先に書いた三人ワンセットの権力の座を作りきれないうちに世を去って、その後は弟の兼家の時代となり、兼家の死後はその長男道隆《みちたか》が関白となって権力を握った。

いわば顕光は、かつて首相を出したけれど昔日の面影のない××派というところなのである。おまけにオヤジの兼通と兼家は犬猿の間柄、というのもどこかの国の派閥争いと似ているが、そこはお互いなかなか要領よくて、彼ら息子世代は酒を呑んだり、まずまずなごやかにやっていた。

その息子世代、つまりニュー・リーダーのトップを切って政権を握ったのが道隆で、陽気でユーモア好きの彼は、顕光の弟、朝光ともよい呑み友達だった。

が、それでいて、道隆はやはり兼家仕込みのしたたかな男である。ときの天皇一条が成人すると、早速娘の定子《ていし》をその許に送りこみ後宮を独占させてしまった。他の有力者がひそかに、

——わが娘を……

と望んでも全く知らぬ顔。つまり例の三人ワンセットの輪を絶対に作らせないのである。

顕光も年頃の娘、元子を抱えて内心不満たらたらの一人だった。「もとはといえば、兼家一族よりわれらの一族の方が席次は上だった。それに姫の母者はやんごとないお方」

自慢するのももっともだ。元子の母、つまり顕光の妻は、村上天皇の皇女、盛子内親王なのである。一条の後宮を独占している定子は道隆の娘だが、母は高階貴子《たかしなきし》といって学者官僚の娘にすぎない。

——わが父君兼通公が御存命なら、娘はもちろん帝のおきさきの筆頭に坐るべきなのだ。

そう信じて疑わなかった顕光なのである。また元子自身、いかにも高貴な血筋らしく、臈《ろう》たけてしかも愛らしい美女なのであった。

ところが——。

運というものはわからないものである。

娘に一条帝の後宮を独占させていた道隆が急死した。死因は糖尿病だった。当時、糖尿病は飲水病《いんすいびょう》といわれていた。口がやたらに渇《かわ》き、水を欲しがる病気だというところまではわかっていたのだが、現代のような治療法もなく、酒ばかり飲んでいたので急に病状が悪化したのだ。そして道隆の死後、王朝の政界地図は、めまぐるしい変化を見せるのである。

後を継いだ道隆の弟、道兼は関白になったと思ったら流行病で急死した。当時悪性の流行病が都で猛威を振っていて、顕光の弟で、兄を追いぬいて時代の寵児《ちょうじ》になっていた朝光もぽっくり死んだ。このほか大臣、中納言《ちゅうなごん》といった現在の閣僚クラスの人間が六、七人、ばたばたと死んでしまった。

もし現代そんなことが起ったら？　と想像してみれば、当時のパニック状態が想像がつく。残ったニュー・リーダー候補は、道隆の長男伊周《これちか》と、道隆の末弟道長だった。両者の間に熾烈《しれつ》な主導権争いが展開された経緯は省くが、結局伊周が失脚、道長が勝利を獲得して左大臣の座におさまる。

顕光が右大臣に昇進するのはこのときだ。父の兼通が生きている間はとんとん拍子に出世したものの、その後長く中納言でくすぶり続けてきた彼が、輝かしいナンバー・2にのしあがったのは、上席の高官がばたばたと流行病で死んでくれたおかげでもあるが、一つには、若き左大臣道長が、二十歳以上年上の彼に手をさしのべてくれたからである。

その道長が、まもなく、

「元子姫を帝のおきさきに」

と言ってくれたのだ。

――いやあ、あの男は話せる。兄貴とは雲泥《うんでい》の差だ。うひひ……

と顕光は思ったことだろう。が、じつはこれは道長の深謀遠慮なのだ。

彼については別のところですでに書いているが、後世に伝えられているようなワンマン・タイプではなく、なかなか芸の細かい、バランス感覚の持主なのだ。

顕光をナンバー・2に据えたのは、下位にある野心家への布石である。およそ政治感覚に乏しく、まかりまちがってもナンバー・1にはなれそうもないこの男、幸いにして家柄はいいし、年もとっているから、他の連中もこの人事に異論を唱えることはできまい。きれもののナンバー・1のナンバー・2利用法の一つである。もっとも御本人の顕光は、自分がそんなふうな使われ方をしていることは、全く御存じないのであるが。

元子入内《じゅだい》にいたっては、さらに高等技術だ。

さきに触れたように、一条のきさきは定子ひとり。もっとも道隆の願いも空しく、彼の生前に定子の懐妊・出産はなく、とうとうワンセットの輪は作れずじまいだった。ところが皮肉なことに、道隆の死後、伊周が失脚するころ定子はみごもるのである。

道長は心おだやかではいられない。

——もしも皇子が生れたら？

そうなると、蹴落した伊周が復活して、外戚として力を持ちはじめる恐れがある。対抗策として考えられるのは、道長も自分の娘を一条の後宮に送りこむことだったが、残念なことに、娘の彰子《しようし》は幼なすぎて、まだおきさきになれる柄ではない。そこで道長は苦肉の策を思いつく。年頃の娘のいる高官に誘いをかけたのだ。

——お宅の娘さんを、どうぞ。

言われて悪い気はしない。顕光と同じころ、藤原公季《きんすえ》という高官も同じように娘の義子《ぎし》を入内させている。こうすれば定子がたとえ皇子を産んでも、これらの高官への遠慮があるから、ただちに皇太子に立てることはできないだろう。それぞれを嚙みあわせて相討ちにさせようという魂胆なのだ。そのうちには娘の彰子も年頃がくる。ライバルが多いところに嫁がせるのはかわいそうだが、しかし定子の産む皇子をすんなり皇太子にしてしまうよりはまし。将来娘が一条の皇子を産むまでの時間稼ぎはこれよりほかない……

考えぬいた末のこの一案、なかなか好評だった。世間は閉鎖的だった道隆に比べて道長を寛大、開放的な人物とうけとったようだし、顕光も公季も悪い気はしない。

――好機到来、わが家の姫に皇子が授かればしめたもの。

と顕光は勇みたつ。元子に与えられた宮中の殿舎は承香殿《じょうきょうでん》。宮廷入りするとまもなく「女御《にょうご》」とされ、承香殿の女御と呼ばれるようになる。一方の公季の娘の義子は弘《こ》徽《き》殿《でん》の女御。案の定、彼女たちの周辺には優雅かつ陰湿ないがみあいがはじまる。

一方、元子が入内してまもなく、定子は出産するが、生れたのは女の子だった。胸を撫でおろしたのは道長だけではあるまい。顕光・元子、公季・義子も同じ思いだったことだろう。

　さて、その後、まず懐妊宣言したのが元子だった。身重の彼女は、まるで真綿にでもくるまれるように、そうっと父の邸に里下りする。承香殿を出て、弘徽殿の傍を通りぬけると、義子付きの女房たちが、簾《すだれ》の蔭からくやしそうな眼付で眺めている。折り重なるようにして覗き

一条天皇のきさきたち

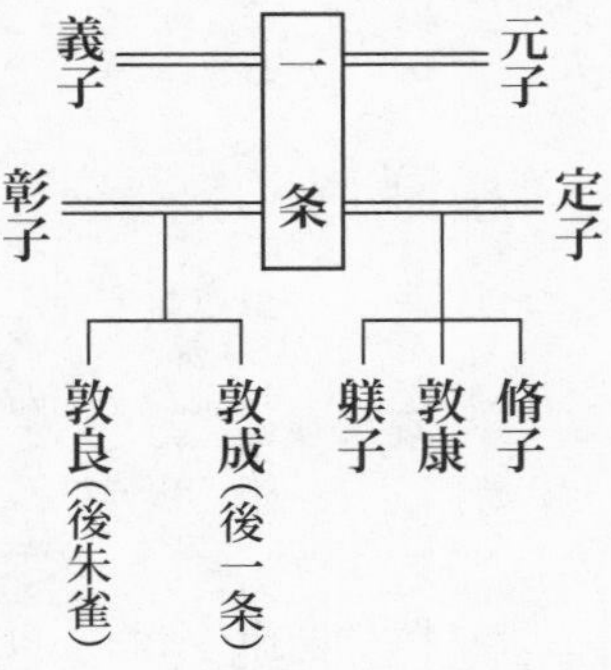

見するから、しぜん簾の裾がふくらんだ形になるのを見て、元子付きのおませな少女が言ってのけた。

「まあ、こちらでは簾ばかりが孕《はら》んでるわ」

みごもらない弘徽殿の女御への痛烈な皮肉である。それを聞いた女房たち、

「グヤジーイ」

とばかり地団駄踏んだが、この世界ではとにかくみごもらないおきさきは勝目がない。が、彼女たち以上に、蒼《あお》くなったり赤くなったりしていたのは、左大臣道長ではなかったか。

――俺の名案も裏目に出たか。

元子が男の子を産めば、まぎれもない一条の第一皇子である。

――そうなりゃ、あのドジな顕光めが外戚面をして天下をとるってわけか。ああ何たること……

が、元子は予定日をすぎても一向に産気づかなかった。途方にくれた顕光が、霊験あらたかという広隆寺に元子を連れていったところが、この始末……。わが邸なら何とかとりつくろうこともできたのに、場所が場所だけに噂はたちまち都中にひろがってしまった。

そして、その噂を耳にしたとき、誰よりも笑いがとまらなかったのは道長だったろう。

――流産や死産ならともかく、水を産んだとあってはねえ。

元子が落ちこぼれ女御になりはてたことはまちがいない。

＊

一条天皇はなかなか心やさしいお方である。落ちこぼれ女御の元子を気の毒がって、

「元気になったらまた戻ってくるように」

と言ってきたが、ショックの大きさにすっかり体調をこわしてしまった元子は、しばらくは承香殿に戻る元気もなかった。

それに、この間にも後宮の状況は刻々変化している。

まず定子がまたもやみごもった。

と、そのころ、いよいよ道長の娘、彰子の後宮入りが決定する。彼女はまだ十二歳の少女だが、もう一刻も猶予《ゆうよ》は許されない、と道長は思ったらしい。彰子が危うく後宮にすべりこんだ直後に定子が男の子を出産したことは前の章で書いたとおりである。

こういう状況では元子も承香殿に戻りにくい。その上、内裏《だいり》が焼けて、一条の母の詮子《せんし》（道長の姉）の所有していた一条院が内裏として使われるようになった。内裏として提供すると、所有者は一切を明けわたしてしまうしきたりだから、一条帝は別にママの家に間借りしたわけではない。しかも、一条院はきわめて広くて、女御たちにもそれぞれ殿舎が割りあてられている。一条からのしきりの誘いもあって、元子がやがてこの後宮に入るが、やはり道長一族の息のかかった一条院は居心地はあまりよくなかったのか、間もなく父の邸に戻ってきてしまった。その後内裏が新築され、一条や彰子はそれに移ったが、元子は依然里下りをしたままだ。落ちこぼれ女御は、全く自信喪失してしまったかにみえる。

その間に、定子はまた女児を出産するが、その産褥《さんじょく》で急死する。このあたりから独走態勢に入るのは彰子である。数年後彼女は男児を産む。敦成《あつひら》親王である。続いてもう一人、敦良《あつなが》を――。

いよいよ元子の影は薄くなった。さらに一条帝がこの世を去ると、彼女は全く過去の人になった感じであった。ときに元子三十三歳。当時の感覚でいえば、かなりの年《と》増《し》《ま》、中年過ぎのオバサマである。

もちろん生活には不自由はない。女御として一条の遺産の分与にもあずかったし、もともと顕光は大富豪だ。彼と元子の住む堀河邸《ほりかわ》は、藤原氏の主流に伝わった豪邸で、それも建て直したりして、しばしば手が加えられいよいよ豪奢になっている。

悲運のきさきは、このまま静かに忘れられてゆく……

誰しもそう思ったに違いない。

ところが、である。

そのとき、俄然《がぜん》、彼女は情熱の女に変身するのだ。父の意のままに黙々と一条帝の後宮の人となり、以来、本気で一条を愛しているのかどうか、つかみどころもない女性だった彼女がなぜ、いささかスキャンダラスな第二の人生を歩もうと決意したのか。人間とは全くわからないものだ。

ただ、その恋の相手を見て、ひとつだけ思いあたることがある。

彼もまた人生の落ちこぼれの一人だった。あるいはそのことが、元子と彼を結びつけたのではないだろうか。

もっとも彼の落ちこぼれ方は、元子のように、何やら不体裁な事情によるものではなかった。言ってみれば、華麗なる落ちこぼれとでもいうべきか。むしろ宿命を逆手にとって思いきり楽しく人生を生きようとするようなタイプの男である。

彼の名は源　頼定《みなもとのよりさだ》――といっても、今ではあまりその名は知られていないかもしれないが、美貌で才気にあふれる、当時の典型的な貴公子だった。

もし運命がちょっとばかりずれることがなかったら、彼は一条帝に代って天皇の座についていたかもしれない。その意味で、彼は元子と同じ、ロイヤル・ファミリー中の落ちこぼれなのである。

といっても、それは彼の責任ではない。複雑な権力争いがからんで、すでに彼の父の代に皇位の継承者の序列から撥《は》ねとばされてしまったのだ。彼の父は為平《ためひら》親王。村《むら》上《かみ》天皇の皇子で、一時は村上の後継者として最有力視されていた。

しかし、さきに書いた藤原氏の主流派の連中からすると、為平が即位しては、どうも具合が悪かった。そこでお定まりのでっちあげの事件が作られる。事のなりゆきは省略するが、結局のところ為平は皇位への希望を断念せざるを得なくなるのである。その為平の息子の一人である頼定は、したがって源氏の姓をもらって臣籍に下らざるを得なくなった。

代って皇位についたのは父の兄弟の冷泉《れいぜい》、円融《えんゆう》であり、その円融の子が一条であってみれば、頼定にとってはイトコということになる。

——なあんだ、天皇なんて……

腹の底にそんな思いがあったとしても無理はない。そして彼自身はといえば、せいぜい参議どまり。閣僚の末席を汚している有様で、もっと若いころはより低い、中流の官職に甘んじていた。

が、彼は落ちこぼれた人生をさほど気にしている様子はない。もし彼が現代に現われて、落ちこぼれて自殺したり暴力沙汰に走る若者を見たら、

「何もそんなことするには及ばないじゃないの」

肩を叩いてそう言うかもしれない。

「それならそれなりに、楽しい人生があるはずよ。ボクだって天皇になれなかったけど、そうなりゃまた別の楽しみがあるってものよ」

では彼の楽しみは？　権力欲を封じられ、暮しに困るわけでもない男が手っとり早くみつける楽しみは一つ――。恋のアヴァンチュールである。

もの心つくころ、彼はすでにひとかどのプレイ・ボーイになりおおせていた。

元子との恋に陥る前に、すでに彼は輝かしい恋の前歴を持っていた。一条天皇の後継者としてきまっていた東宮居貞《とうぐうおきさだ》

頼定の愛人たち

道長
　└綏子

一条＝元子＝頼定＝綏子＝三条（居貞）

（三条）のきさきを見事にせしめてしまっているのだ。

居貞もまた頼定のイトコだった。そのきさきというのは藤原道長の異母妹、麗景殿《れいけいでん》の尚侍《ないしのかみ》とよばれた綏子《すいし》である。こういう系図の関係はややこしすぎるので、あまり気にとめる必要はないということをつけ加えておく。当時の高官と天皇家はたいてい親戚である。オール親戚ということはオール他人ということとあまり変りはないのだから、無理して頭に叩きこむには及ばない。

居貞には当時別のおきさきもいて、綏子はあまりかえりみられなかったらしい。そこに頼定はつけこんだのである。東宮のきさきを盗みとるという罪悪感は彼にはなかったようだ。

——どうせイトコだもの、ちょっと失敬。

というところだったのか。綏子は東宮の後宮を退って里にいることが多くなり、遂に頼定の子をみごもってしまった。

やがて居貞の耳にもその噂が入ってきた。そのとき真否をたしかめるように命じられたのが、綏子の異母兄、道長である。

このとき道長は遠慮会釈もなく綏子の許に乗りこみ、女装束を重ねて厚化粧し、妊娠をかくしていた綏子の胸許をひきあけて乳房にさわると、驚いたことにさっと乳が奔《ほとばし》りでた、という。

ずいぶん乱暴なたしかめ方もあったものだ。かくかくと居貞に報告すると、

「何もそこまでやってくれなくとも」

と嫌な顔をしたという。

そのとき綏子が産んだ不義の子はどうなったかわからない。頼定が二十そこそこのときのことで、元子との情事に先立つ十五、六年前の話である。綏子はやがて世を去っている。

が、この話はどこか元子の場合と共通している。片や東宮のきさき、片や天皇の未亡人。いずれもあまり寵愛《ちょうあい》をうけなかった女性である。頼定はとびきり親切な男で、

「よしよし、ボクが慰めてあげよう」

専らアフター・ケアをひきうけたのか、それとも空巣狙いの趣味があったのか。落ちこぼれ側の天皇家への復讐ではなかったかもしれないが、たしかに、天皇や東宮のきさきをせしめることは、天皇になれなかった人間には楽しい冒険だったかもしれない。

ともあれ、プレイ・ボーイ頼定の手によって元子は別の女に生れ変った。

——人を愛するって、すばらしいこと！

心から彼女は叫んだに違いない。この変心に仰天したのは顕光である。

「なに？　源頼定卿だと、ならん、ならん、あれはいかん」

なぜなら頼定は若い時のアヴァンチュールが祟《たた》って、即位して三条天皇となった居貞のいる清涼殿への昇殿が許されていなかったのだ。

それに、三条天皇の別のおきさきの産んだ敦明《あつあきら》親王が、元子の妹の延子と結婚していた。顕光の眼から見れば、彼は有力な天皇候補である。うまくすれば延子は天皇のきさきになれるかもしれないのだ。なのにその姉が三条天皇に睨まれている頼定を情事の相手に選ぶとは、とんでもない話ではないか。

が、元子は父の怒りなど問題にしなかった。あるいは頼定の感化をうけて、天皇とかおきさきなどという存在はどうでもいいのだと思いはじめていたのかもしれない。

遂に顕光は逆上して、元子の黒髪をばっさり切ってしまう。女の生命ともいうべき黒髪を切られても、しかし元子は平気だった。頼定も顕光の怒りをせせら笑うように元子の所へ通ってくる。ある夜現場をとりおさえた顕光は前後の見境もなく叫ぶ。

「いづちもいづちもおはししね」

どこへでもいい、行ってしまえ！　というわけである。怒鳴りつけられて縮みあがるかと思いのほか、ここにいたって元子は大胆にも決意する。

――それではサヨナラ、お父さま。

夜蔭にまぎれて堀河邸をぬけだし、乳母《めのと》の息子の許へ身を寄せた。そこはある僧侶の車宿《くるまやどり》――といっても、おそまつなガレージではない。当時の僧侶は僧坊のほかに、なかなかすてきな別宅を持っていて、それを車宿といったのである。

が、彼女の住んでいた公園付宮殿ともいうべき堀河邸から見れば、小ぎれいなマンション住いといったところ、彼女としてみれば、

エエイッ！

と眼をつぶっての家出だった。

元子と頼定のこの愛の巣はしばらく続く。やがて顕光とも和解する一方、頼定との間に二人の娘もうけた。結局、父に許されて堀河の邸に戻ったようだが、必ずしも父と娘の間はしっくりいかなかったらしい。

それにしても、何という灼熱の恋であろう。元子の前半生からは予想もできなかったことだ。プレイ・ボーイの頼定は、元子の体の芯をとろかす術を心得ていたとみえる。

が、そのプレイ・ボーイどのも、元子にはしんじつまいっていたらしい。当時のしきたりとして、彼には別に定まった妻もいたのだが、元子と結ばれてからは、もっぱ

らその愛に溺《おぼ》れて過したようである。

つけ加えておくと、顕光が期待をかけたもう一人の娘、延子も遂に天皇のきさきにはなれなかった。夫の敦明が、道長の画策で皇位につけなかったからだ。それどころか敦明は道長から逆に娘婿にならないかとすすめられて、延子を見捨ててしまった。だから顕光と延子は悪霊になって道長一家にとりついたといわれているが、元子にはそうした噂はない。天皇のきさきでありながら思いのままに生きた彼女は化けて出る必要がなかったのだろう。

じつをいうと、この時代、天皇のきさきで後に別の男と結婚した例は、元子ほど情熱的ではないにしてもほかにもいくつかある。平安朝は、天皇もおきさきも、まず人間として扱われた自由な時代だった。


（執筆にあたって角田文衛氏『承香殿の女御』を参考にさせていただいた）

謎の女富豪

上西門院統子・八条院暲子

日本の女富豪は誰だろう？

これはなかなかむずかしい質問である。金づかいの額なら、何といっても奈良の大仏を作った光明皇后だろうが、これは自分のオカネを出したわけではない。国家予算で行った事業であって、光明皇后の財布をはたいたわけではないのである。

もう一人、室町時代の足利義政《あしかがよしまさ》夫人の日野《ひの》富子《とみこ》もみごとなものだが、むしろ大名たちに貸付けを行った才能を評価して、利殖マダム・ナンバー・1というべきだろう（彼女たちについてはすでに『歴史をさわがせた女たち　日本篇』で書いている）。

こうしてふり分けてみると、思いがけない無名の新人が登場する。しかし困ったことに同じような立場に立つ女性が二人いて、どちらがより大富豪か判定がつけにくい。もし歴史的な女長者番付を作るなら、一位か二位に入ることは確実なのだが……。仕方なしに、ここでは二人をまとめてとりあげることにしよう。じつはこの二人、血筋もかなり近いし、同じ時代に生きているので、この時代そのものが女ミリオネヤーの世紀だったといえるかもしれない。

では、その隠れた女富豪とは？

院政期に生きた上西門院統子《じょうさいもんいんとうし》（一一二六〜八九）と、八条院暲子《しょうし》（一一三七〜一二一一）。どちらもおそらくははじめて聞く名前であろう。多分歴史の教科書にだって、彼女たち女大富豪について触れてはいないに違いない。

ただ困ったことに、彼女たちの資産の評価が、現代のように簡単にはできにくい。年間所得何十億、資産合計何千何百億――というふうにはいかないのだ。しかしこれは何も彼女たちに限ったことではない。昔の富豪がどのくらいの資産を持っていたかは、藤原道長にしろ平清盛《きよもり》にしろ数字的には摑《つか》めてはいない。

ただ一つの手がかりは、八条院暲子の中年のころの資産目録で、これによると全国の荘園百あまり、そして晩年には二百三十カ所の荘園を持っていた、ということだ。これから考えて、おそらく上西門院も似たりよったりの資産を持っていたと予想される。これも現代のオカネに換算することはちょっとできにくい。とにかく、こんな厖《ぼう》大《だい》な数の荘園を所有しているのは彼女たちのほかには、上皇《じょうこう》ぐらいなものだということは確実だから、オカネモチであることはまちがいない。これに前後して歴史に登場する東国武士にはこうした荘園の管理人である荘司《しょうじ》の肩書を持つものが多いが、一つの荘園の荘司であるだけでもその地方ではちょっとしたエライさんだったということを考えれば、彼女たちの富のすごさも想像がつくというものだ。

もっとも、彼女たちの荘園というのも、その内容はさまざまである。

自分の完全なもちもので、そこの年貢《ねんぐ》を受けとるもの。

有名な寺院の所領として寄進し、その管理人の資格で収入を得るもの。

逆に貴族や武士から荘園の寄進を受け、自分名義にする代りに、実質的な所有者に管理を任せ、その中から収入のある部分を得るもの。さきにあげた東国武士などもその例である。

具体的にいうと、現在の鎌倉市の中の、建長寺や円覚寺のあるあたりから横浜にかけての一帯は山内荘《やまのうちのしょう》だった。だから現在でも円覚寺あたりの地名は山ノ内である。そこに住む豪族、山内氏はこれを八条院に寄進し、自分はここを預るという形にしてある。

自分のものを何でムザムザ献上するのか、と思うかもしれないが、これは一種の保険のようなものである。当時は殺伐《さつばつ》な時代で、所領争いの暴力沙汰は絶え間がなかっ

た。そこでこれを八条院領としておけば、

「ここは八条院サマの御領地だぞ。勝手なことをすれば、いいつけるぞ」

と相手を脅《おど》すことができる。そういう時のために山内氏は、いわば八条院保険に入ったのだ。あるいは山内氏を中小企業と考えれば、八条院なるビッグ企業の系列下に入ったともいえる。まさにエンタープライズ・ハチジョーであり、暲子はその女性オーナーなのだ。

それだけではない。彼女たちは数少ない知行国主《ちぎようこくしゅ》の一人だった。この知行国主というのは教科書にも出てくるだろうが、簡単にいえば、国《くに》の守《かみ》を推薦する権利を持つ人のことだ。

たとえばある時期、上西門院は備後国《びんごのくに》の知行主だったから、自分のよく知っている藤原基能《もとよし》という人物を国の守に推挙している。こうなれば、基能は御礼として備後国からの収入のある部分を献上する。ちょっとわかりにくいようだがこれは現代の派閥政治のパターンそっくりではないか。

「仁木派は二人、小曾根派は五人」

新聞では内閣改造などのときに必ずそう報道するではないか。大臣は派閥の親分の推薦をうけて送りだされる。つまり派閥の親分が知行主、送りこまれる大臣が国の守ということになる。

当時の国の守は現在の県知事と、税務署長を兼任したような存在である。地方行政の長官だが、大事なのは税の取り立てで、これが一種の請負制《うけおい》になっている。その代り、凄腕《すごうで》を発揮して定額以上の取り立てに成功すればその分は自分の懐《ふところ》に入れてしまっても誰からも文句はいわれない。政治献金だワイロだ横領だ、などと騒ぎたてられることはないのだ。そのほかにもいろいろの点でみいりのいいポストだから、もちろんポスト競争は激烈である。

その国の守の推薦権を持つ知行主がどういうものか、大体見当はつく。推薦された人は御礼として知行主に任料《にんりよう》というものを払う。これは公的にきまっていることだが、そのほか私的にもさまざまな献上品があるだろうということは想像にかたくない。

つまり、二人の女性は大企業のオーナーであるとともに、直接政治にタッチしないが官界・政界の大ボス的存在でもあったのだ。

では、彼女たちはどうやってこの巨額の財産を自分のものにすることができたのか？　調べてみると、母親から相続した部分がかなり多い。とすれば母親は？　いよいよその家系のドラマに近づいてきた。

まず統子は、鳥羽《とば》天皇とそのきさき璋子《しようし》との間に生れた。後白河《ごしらかわ》法皇の姉にあたる。

母親の璋子というのが問題の女性で、鳥羽天皇の祖父の白河法皇に仕えていた藤原公《きん》実《ざね》という貴族の娘だが、子供のときから白河にかわいがられ、その猶子《ゆうし》（養子分）になっていた。

年頃がきて、鳥羽天皇と結婚するわけだが、そのころすでに彼女は養父の白河とただならぬ関係にあった、というのが専らの評判だった。だから鳥羽との間に生れた最初の皇子顕仁《あきひと》は、鳥羽の子ではない、と噂された。

えらいスキャンダルだが、これはいわば公然の秘密で、鳥羽みずから、

「あれは自分の子ではない」

と言っていたという。今の常識なら当然鳥羽と璋子はうまくゆくはずはないのだが、その後も統子たち（これはまさしく鳥羽の血を享《う》けている）が生れている。このあたりが院政期のおもしろいところである。

白河はワンマン法皇だから、顕仁が五歳になると鳥羽をやめさせて、この皇子を即位させる。これが崇徳《すとく》天皇である。そうなると璋子は天皇のお母さま——国母《こくも》であるというので、待賢門院《たいけんもんいん》という称号を贈られる。

これは単なる称号ではない。天皇が譲位して上皇になった場合と同じく、大きな所領と役所がつく。璋子にかぎらず、平安朝中期から始まった女院は、女院号をうけな

いきさきとは待遇に格段の開きがあった。
が、待賢門院も白河が死ぬと、めっきり影が薄くなる。それに、強力なライバルも現われていた。後から鳥羽のきさきになった得子《とくし》がそれである。もちろんほかにもきさきはいたのだが、彼女は鳥羽の愛を独占し、鳥羽との間に皇子體仁《なりひと》が生れると、

「ねえ、この子を天皇に……」

と、ねだって、崇徳をやめさせ、この皇子を即位させてしまう。このとき體仁はたったの三歳だった……。そして天皇のお母さまというので、得子も美福門院《びふくもんいん》という称号をもらう。もちろん領地もふんだんにせしめての上のことである。

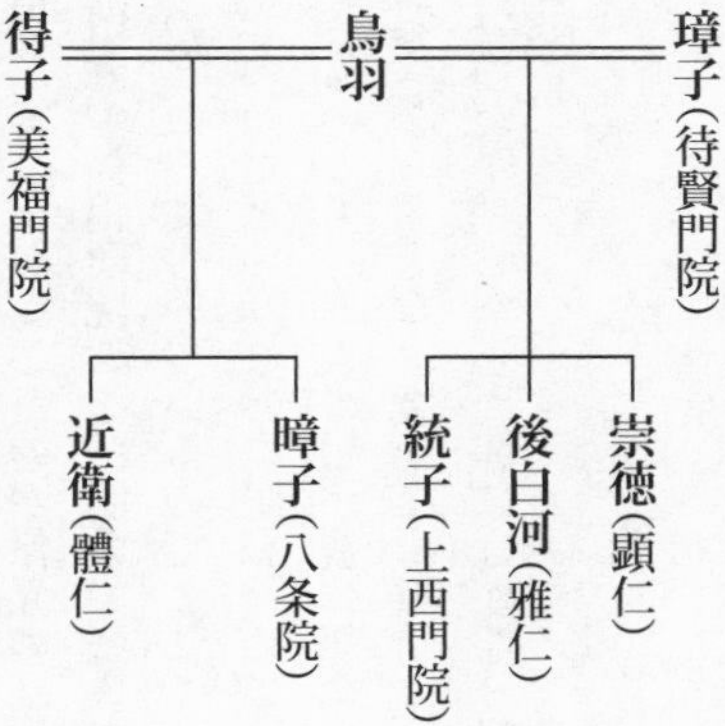

この美福門院の娘が八条院暲子――と書けば彼女たちの富の由来も察しがつくというものであろう。

じつはこのライバルの戦いは後まで続く。待賢門院側の崇徳が、早々と帝位からひきずりおろされ、以後美福門院側に栄華を奪われたのを

恨んでひきおこしたのが保元の乱――。簡単にいえばそういうことになる。この待賢門院・美福門院こそ、院政の歴史をさわがせた女たちなのだが、彼女たちのことは別のところで書いているのでここでは省略する。ともかく、統子と暲子がライバルどうしの娘だということに眼をとめておけばいい。

もっとも、二人の娘が親の怨念をうけついでいがみあったか、といえばそういう気配はない。そこは優雅なオ姫サマどうし、あられもない大げんかなどやった気配はないのだが、しかし周囲にはかなり微妙な人脈が渦をまいていたらしいことは後で触れよう。

＊

彼女たちの富が親譲りであると聞いて、

――なあんだ、つまんないの。

がっかりする向きもあるかもしれない。しかし、彼女たちは決して親の遺産にくるまってぬくぬく、というわけではないのである。さきの八条院の資産目録を見ても、荘園が百余りあった時期は母の死後十数年めだから、その大部分は親譲りだとしても、彼女の荘園が倍近くにふくれあがるのは、じつはその後なのだ。父の鳥羽ももちろんこの世にはいない。

ではどうしてこんなに多くの荘園を掻《か》き集めることができたのか？　そのあたりを探索すると、意外な女性群像が浮かびあがってくるのだ。

それは女院たちに仕える女房たちである。彼女たちが自分たちの所有する荘園を次々に寄進するのだ。王朝の女房といえばすぐ頭に浮かぶのは紫式部や清少納言だが、残念なことに彼女たちはそれほど有名ではない。中には歌人として少しは知られた女性もいるが、『源氏物語』のような大作をものする力量はなかったようである。

紫式部のような女流作家ではなかった代りに、彼女たちはちょっとした小富豪であった。いや、紫式部だって清少納言だって、かなりのものもちの家の娘だから、資産はないわけではなかったろうが、そのあたりのことは口を閉ざしているので摑めない。だから式部たちの周辺には恋やら愛、詩やら小説だけが氾濫しているムードオンリーの世界に見える。

ところが院政期の女房たちは一皮めくった現実的な素顔をのぞかせている。かなりの資産を持った彼女たちは、それを女院に寄進してその女房になる。もっとも寄進が先か、女房になるのが先かは卵とニワトリのような関係でどちらが先かわからない。

思うに寄進と就職は同時進行という感じではなかったか。そして、こういう形は院政期の一つの特徴ではないかと思われる。

つまり彼女たちは、たいそうな手土産つきで就職するのだ。現代だって、×大卒のお嬢サマが、銀行の就職試験にやってきて、

「私、就職できたら、五億円ほどこちらにお預けいたしますわ」

といったらどうだろう。多少成績に難があっても、

「エヘヘ、では何卒《なにとぞ》当行へ――」

と試験官も揉《も》み手をしてしまうのではないか。そういえば、八条院や上西門院は、どこか信託銀行に似てないこともない。女房たちも所領を女院領にしておけば安心だ。そうしておいて、気心の知れた者をその荘園の管理者に任命する。管理人のほうも、せっせとつとめれば、八条院なり上西門院なりの役人という肩書をもらうこともできる。

カネ――正確にいえば当時の富は土地だが、ともかくそうしたものを軸に動いているしかけがはっきりする。

もちろん全部の女房が小富豪だったわけでもないし、女院領として寄進されるのは男性の所領もかなりあったと思われるのだが、女房が自分の財産を持ち、これを女院

に寄進していたという事実は見逃せない。

では女房たちは、欲の皮を突っ張らせるだけの目的で女院の許《もと》に集まったのかというとそうではない。そこは王朝以来の恋の花園であり、それがお目当ての貴族もぞろぞろやってくる。そこでお互いがハントしたりされたり、たくさんの恋が生れる。

中で最も幸運に恵まれたのは、上西門院に仕えていた少弁局《しょうべんのつぼね》平滋子《しげこ》である。彼女は平時信《ときのぶ》という中流貴族の娘であるが、ある日上西門院を訪ねてきた後白河法皇の目にとまってその寵愛をうけることになった。後白河は上西門院の弟だから、これは自然のなりゆきというべきだろう。

少弁局はやがて皇子を産む。そしていろいろのいきさつがあって、何とその皇子が天皇の位につくことになってしまったのだ。これが高倉《たかくら》天皇である。彼女はたちまち天皇のお母さまだというので建春門院《けんしゅんもんいん》という称号をもらい、主人だった上西門院と同格にのしあがってしまったのだ。

まさに玉の輿《こし》というべき幸運だ。院政期になると、それ以前のように、天皇のおきさきになれるのは超一流の貴族の娘とはかぎらない。もう少し下のクラスでも、上皇のお気に入りの臣下の娘などがきさきに選ばれるようになってはきている。しかし、名もない、中流貴族の娘で、しかも平家出身でこの座を射とめたのは滋子しかいない。

幸い彼女が建春門院となったとき、その側近にいた女房の数が六十八名だったことがわかっている。全部が全部顔を揃えているわけではなく、その中三分の二ほどは一月交替でつとめたものらしいが、それにしても、この女房の多さは先に紹介した藤原道長の娘、彰子を上廻るのではないか。

まさに院政期のシンデレラという感じだが、しかし、これには強力な外野の応援団がついていた。このとき上り坂にあった平清盛、そして平時忠《ときただ》。種明かしをすれば、建春門院滋子は清盛の妻の時子《ときこ》の異母妹なのだ。そして時忠と時子は同母の姉弟──。つまり清盛や時忠にとって、彼女は希望の星だった。

──うまく後白河さまのお眼にとまればしめたものだゾ。

固唾《かたず》を呑んでなりゆきを見守っていたのではないか。

このとき、清盛は上西門院の事務局のトップクラスだった。もちろん時忠もメンバーの一人である。

さきにも書いたように、女院は厖大な荘園を持っているから、その総括にあたる人数もかなり多い。現地の管理者への命令伝達、納められた年貢のチェック、あるいは管理人の任免等々、そのためには上西門院の係の役人が必要だ。たいていは朝廷の役人の兼務だが、いつ、どの位の人数がいたか、どんなメンバーだったか、はっきりしない場合が多い。しかし、この建春門院の例で見るように、清盛にとって、上西門院付の役人を担当することは、単に兼任したという以上に、つまり本務同様に大きな意味を持つことはたしかだ。

これは男性の上皇や法皇の場合を考えてみればよくわかることで、朝政の実権が天皇の父や祖父である上（法）皇に握られている以上、そこの役人をつとめなければ、権力に近づくことはできない。これももちろん朝廷の役人と兼任である。

しかも、美福門院の例でみるように、当時の女院は上皇を動かし、皇位に口を出すくらい力を持っていた。建春門院も、わが子の高倉を皇位につけると、だんだん後白河を操るほどの凄腕の女性になったらしい。

その高倉のおきさきは誰あろう清盛の娘の徳子《とくし》――のちの建礼門院《けんれいもんいん》である。この徳子の入内《じゅだい》が平家全盛の時代を作りあげたことを思えば、建春門院は、その幸運を導いた一門の旗手ともいえるのだ。

建春門院は平家をバックに、平家は建春門院を頼りに――。まさに持ちつ持たれつだが、これほどあざやかではないにしても、二人の女院の周辺には、こういう思惑を秘めた女房やら、それをモノにしようとする男どもがひしめきあっていた。

それに加えて、ちょっぴり文学の匂いもしないではない。たとえば、歌人の西行《さいぎょう》法師は待賢門院のところにもよく出入りしていたし、その縁で娘の上西門院に仕える女房とも親しかった。彼の歌集の中には、そこの女房たちと詠《よ》みかわしたりしたものがある。

この女富豪たちの具体的な生活はどんなだったのか？ 彼女たちの住んでいたところも今は跡かたもなく変りはててしまったが、辛うじて面影を伝えるのは、京都の西部にある法金剛院《ほうこんごういん》である。ここは璋子が白河法皇の死後、その冥福を祈って建てた寺だが、璋子はここを別荘のようにしていたらしい。いまも残る法金剛院は、先年池の復原工事が行われて、昔の面影の一部を取り戻した。昔はこれに数倍する規模だったらしいが、ともかくおだやかな光を湛《たた》えた池は王朝の雰囲気をしのばせるには十分である。

美しく着飾った女房たち。彼女たちにたわむれる風流貴族――。まさに王朝絵巻ふうだが、その中には、滋子のような美女を囮《おとり》に、手ぐすねひいて待ちうける平清盛や時忠の眼が光っていたことも忘れてはならない。

＊

たしかに女院のサロンは権謀の巣窟でもあった。問題の人物がその周囲をうろちょろしている。逆にいえば、女院の周辺にはさまざまの人脈がはりめぐらされ、一種の人材銀行的な様相を呈していた。まさに恋あり詩あり、権力欲ありで、その欲が燃えあがればあがるほど、女院の重要性は益《ま》し、しぜんと財力がふくれあがる、というしかけになっていたのだ。

例の上西門院統子が院号をもらってまもなく、事務局が一種の顔あわせパーティーを行った。このときトップの座に坐ったのは平清盛だった。宴のさなか、しきりに酒がふるまわれたが、このとき、眼鼻立ちのととのった少年が出てきてお酌をした。

――ふん、なかなか小ぎれいな奴だわい。

清盛はもしかすると、そう思ったかもしれない。

じつはこの少年こそ、源頼朝《よりとも》だったのだ。彼はこのとき十三歳、上西門院の蔵人《くろうど》として仕えていたのである。蔵人というのは今でいえば秘書官というところだが、こういう席に出てくるのは当然のことだ。

その前の年、彼は皇后宮権少進《こうごうぐうのごんのしょうしん》という肩書で官界に登場している。皇后に仕える三等官というわけだが、このときの「皇后」というのは、じつは上西門院のことだ。

彼女は独身だが、このとき即位したのが弟の後白河の皇子の二条《にじょう》天皇だったので、准母《じゅんぼ》、つまり母代りとして、皇后宮の座についた。その翌年院号を貰って上西門院となるので、肩書は違っても頼朝が上西門院付きの役人であることには変りはないのである。つけ加えておくと、皇后宮権少進になった直後、彼は右近将監《うこんのしょうげん》を兼ねている。これは右近衛府の三等官である。

たった十二歳の少年が何と三等官（局長とか部長クラス）とは！　今の常識ではオドロキだが、このころの貴族の子弟ではもっと出世の早い者もいる。頼朝もそのはしくれに連なって、かなりいい線をいっているといえるだろう。

ではなぜ彼はこんな幸運なスタートを切ったのか！　どうやら彼の母は上西門院に仕えていたらしいのだ。彼女の母は、熱田大宮司《あつただいぐうじ》藤原季範《すえのり》の娘というよりほか、あまりくわしいことはわかっていないのだが、熱田大宮司といっても、現在の熱田神宮の宮司さんを直ちに連想するのはまちがいで、彼女の父親は熱田神宮領を管理する神主系の貴族で、ふだんは都に住んでいた。だから彼女も都で生活し、年頃の貴族の子女の例にならって、統子の身辺に宮仕えしていたものらしい。

そこへ源義朝が近づいた。しかも最近の研究によると、義朝の母親は待賢門院に仕える女房であったらしい。つまり父の為義《ためよし》は待賢門院女房に近づき、自分は上西門院の女房を攻略、というように、同じパターンがくりかえされているのだ。

こうした関係がわかると、女院と女房の結びつき、そのメリットがわかってくる。頼朝の母親は宮仕えをしているうち、義朝と愛しあうようになって男の子を産む。その子が少年になったころ、自分の仕える統子が皇后になると、

「どうかうちの息子をよろしくお願いいたします」

と統子に頼みこんで皇后宮権少進にしてもらう。もともと源氏は武者の家だから、

「ついでに近衛府の方の役人の肩書も——」

と売りこんで右近将監を兼ねさせてもらう、という次第である。ついで統子が上西門院になれば頼朝はその蔵人に横すべりする。

つまり彼女は猛烈なセールスウーマンぶりを発揮して、息子の売りこみに成功するのだ。これにはもちろん熱田大宮司領の豊かな経済力がモノを言ったのだと思う。義朝はどうやら奥方にオンブである。

「よろしくやってくれよな」

などと肩を叩いていたかもしれない。そしてみごと売りこみに成功したとわかって、

「うーん。ナルホド。奥さんはこういうキャリア・ウーマンに限るテ」

と顎を撫《な》でていたのではないだろうか。このとき義朝パパがあまり力がなかったと推察するのはわけがある。もし義朝に力があるのだったら、まず長男の義平《よしひら》が一番先

に官界にデビューしなければならないのだが、彼は頼朝のような華々しい任官はしていない。彼の母のことはよくわからないのだが、頼朝の母のような貴族出身でもなければ、女院の女房でもなかったことはたしかである。

このあたりに女院の女房に男たちが群がる理由がある。まさに色と欲との二筋道だ。それも、かんじんの女院が大富豪であって、政界・官界にカオがきくからだ。みんながこの女院サマの七光りにあずかろうというのである。

では一方の平氏はどうか、というと、これはかなり複雑な動きをみせる。

はじめ清盛の父、忠盛は待賢門院にべったりだった。何しろ白河法皇に密着してのしあがった平家だから、白河の寵愛する待賢門院にはいろいろ奉仕をしていたらしい。待賢門院の第一皇子崇徳に皇子重仁《しげひと》が生れたとき、その乳母《めのと》になったのは忠盛の妻の宗子である。乳母がいかに大きな力を持つかはこれまで度々書いているので省略するが、ともかく崇徳及びその子が主流になれば彼ら一族は繁栄間違いなしであった。

ところが風向きが変って、待賢門院が落ち目になり、美福門院が力を持ってくると、しだいに路線を変更する。相当の風見鶏だが、むしろ大きな財力や軍事力を持つ平家に、美福門院側がすり寄っていったといえそうだ。

こうして、清盛の時代にはすっかり美福門院側へ移ってしまい、保元の乱では、いち早く美福門院側に駆けつける。保元の乱というのは、崇徳上皇と美福門院の戦いのようなものなのだが、重仁の乳母でありながら、宗子は、平気で重仁を裏切っている。もっとも美福門院の皇子近衛天皇は早逝《そうせい》し、皇位はふたたび待賢門院系の後白河に移っているので、以後の清盛は、後白河や上西門院にも大いに頼りにされている。さきに書いたように上西門院に院号が与えられた当初から彼はその役所の長官というべき地位に立っていろいろ活躍しているのだ。

おもしろいことに、清盛が頼朝の酌《しゃく》をうけたその年こそ平治元年で、その年の暮の合戦で二人は敵味方になって戦っているのだ。その合戦に敗れて捕えられた頼朝が二十年後に挙兵して平家を討つ。上西門院はそのころまだ生きていたから、

「まあ、頼朝が平家を討つなんて！　へえ」

と驚き呆《あき》れていたのではないか。

この清盛と頼朝の宿命の対決は別に上西門院が仕組んだものではないが、八条院の方はやや野心的な匂いがする。思うに清盛が待賢門院―上西門院系に肩入れするのがおもしろくなかったのではないだろうか。

「何さ。平家がのしあがったのは、お母さま（美福門院）のおかげなのに」

そこでひそかに、清盛の異母弟、頼盛《よりもり》をひいきにする。この頼盛の妻は、八条院の

女房なのだ。義朝と同じパターンがここにもくりかえされている。

そのせいか、頼盛は時折清盛に反抗する。一度は清盛打倒の陰謀に参加したことがばれて、清盛にこっぴどく怒られ、官職を奪われてしまったことさえある。八条院が、

「頼盛、やってごらん」

と言った証拠はないが、頼盛の方は、いざとなったら八条院の袖《そで》に隠れて難を免れようというくらいのことは考えていたかもしれない。この頼盛は平家一門の都落ちのとき、はじめは同行すると見せかけて、途中から都に引き返してしまった。これも八条院の差し金とまではいかないが、その後楯《うしろだて》をあてにしていたのではないか。

八条院がより積極的な動きを見せるのは、その少し前の以仁王《もちひと》(後白河の皇子)の挙兵事件だ。平家の血をひく安徳《あんとく》天皇が、年上の自分をさしおいて即位したのを不満とした以仁王が源頼政《よりまさ》や三井寺《みいでら》の僧兵と組んで起したこのクーデターについて、

——やってごらん。

八条院はひそかなサインを送っていたのではないか。なぜなら、以仁王の妻は、八条院の女房なのだ。このクーデターはみごとに失敗し、以仁王がこの女房との間にもうけた王子の行方がきびしく探索されるが、八条院は手許に隠してなかなか引渡さなかった。結局八条院と親しい頼盛が出向いて、この王子を申し受けている。

こうしてクーデターはあえなく失敗するが、「全国の源氏よ、平家打倒に立ちあがれ」と呼びかけた以仁王の令旨《りようじ》は、源頼朝や義仲《よしなか》の許にも届き、これが挙兵のきっかけになった。その令旨を全国に伝え歩いたのは源行家《ゆきいえ》（頼朝の叔父）だが、彼はこのとき、

「八条院の蔵人《くろうど》」

という肩書で各地を廻っている。八条院は全国に荘園があるので、用事があってそこへ行くのだと言えば怪しまれない。この肩書は無断で使うわけにはいかないから、八条院は暗黙の了解を与えていたのではないか。

まだある。例の頼朝と義経が不仲になって義経が追及を逃れて各地をさまよっていたころ、一時は八条院にかくまわれているというのが専らの評判だった。

とすれば、この女大富豪は、なかなかの曲者《くせもの》である。権力側にひと泡ふかせてやろうと仕掛人ぶりを発揮している。もしかするとそれは待賢門院系の上西門院へのライバル意識によるものだったかもしれない。ともかく院政期のこの二人の女性については今後もっと注目すべきなのである。

が、それにしても——と、あるいは疑問を抱かれる方もあると思う。

「天皇の子はたくさんいるのに、なぜこの二人だけが大富豪なのか」

ホントにフシギだ。例の以仁王も後白河の皇子だが、成人しても侘住居《わびずまい》だった。し

てみると二人の女富豪は、やはりお母さんが女院として巨大な財産を握っていて、それを相続したからではないだろうか。天皇のおきさきの中の有力者は男の子が生まれればそれを天皇に、女の子には皇位の代りに財産を、と考えていたのかもしれない。それには女院という存在が、女ながらも独立の財産を持ち、それを娘に伝えるというルールがあることが前提である。以仁王は後白河の皇子だが、母はそれほどの血筋ではない。たとえそういう子がたくさんいようと、

「そんな腹違いの子なんて私知らない」

ということなのだ。外から見れば同じ天皇の子でも実際には母親別に集まってせりあっているのである。こうして受け継いだ基本財産を、二人の女性オーナーは、要領よくふやしていったのであろう。

もう一つの質問は、二人の個人生活についてである。彼女たちは終生独身だった。

「それで淋しくないの？　幸福なの？」

と聞きたいところである。

こちらの解答は比較的出しやすい。何も女にとって結婚がすべてではないのだ。新聞をごらんください。「今や働く女性は、家事専業者を上回る」とあるではないか。とりわけ未婚、自立派もふえているという。

今まではそういう状況がなかったから、未婚の大富豪なんてバケモノとしか考えられなかったのだが、キャリア・ウーマンが出てくれば女院への理解も深まるだろう。厖大な財産を持っていれば、ヘンな男と結婚してその財産をムチャクチャにされるより独身の方が気もらくだし、楽しみも多いのだ。

が、現代のキャリア・ウーマンが彼女たちのような大富豪にのしあがるのはいつのことか。彼女たちが百億千億の財産を手にして政財界を握るのは二十一世紀になってからではないか。

最後に彼女たちの財産の行方を――。未婚の彼女たちが死ぬと、その財産は結局後《ご》鳥羽《とば》上皇がひとり占《せ》しめてしまった。その財力をバックに鎌倉幕府を倒そうとした大バクチ、承久《じょうきゅう》の乱はみごとに失敗、財産は没収され、鎌倉御家人に分け与えられてしまった。

（この稿執筆にあたり、五味文彦氏の『院政期社会の研究』中の「女院と女房・侍」を参考にさせていただいた）

美女に愛された美女

小督

女はとかく同性に点が辛《から》い。男が口を揃《そろ》えて、

「天下の美女だなァ」

と褒《ほ》めても、

「何サ、あんな女」

たちまち反撃する。自分の方が美女だとは言わないまでも、どこかにケチをつけたがる。かく言う私もオンナである以上、その傾向なきにしもあらずで、日本人のことはまあ遠慮するとしても、たとえば、エリザベス・テーラー。男性が手放しで褒めるほどの美女だとは決して思っていない。

第一、鼻の穴が大きすぎる——ケチのつけようがないから、こんなアラさがしをするのである。それにこのごろの太り方はどうだ。あれじゃ丸太ン棒じゃないの、なん

て、ひとりほくそ笑《え》んだりしている。

ところが、だ。

女の褒めた美女がいる。

「あらァ、すてきな美女ねえ」

「え、どのひと？　あら、ほんと」

「うわあ、すてき。見たことないけど、どこのひと？」

「うっとりするわねえ、ホントに」

しかも歓声をあげたのは、スターに憧れるミーハー族ではない。レッキとした上流の、それぞれ自信たっぷりのレディたちなのだから、これはもう極《きわ》めつきであろう。

さて、その美女の名は、小督《こごう》。今から八百年ほど前に生きていた女性である。

この話決して伝説ではない。ちゃんとした文献が残っている。その書名は『建寿御《けんじゅご》前日記《ぜんにつき》』、書いたのは、このとき、

「見たことないけど、どこのひと？」

と聞いた人物で、建春門院中納言《けんしゅんもんいんのちゅうなごん》。ややこしい名前だが、もちろん女性である。建春門院（前章に登場した）という後白河法皇のおきさきに仕《つか》え、中納言と呼ばれていた、というわけだ。宮仕えは当時の上流の若い女性の憧れの的、高貴なお方に侍《はべ》る

のだから現代の一流会社の秘書室より数段ハイクラスの職場であった。そこに勤める若い女性は、直接名前を名乗らず、実家や夫の姓や職名にちなんだ名を名乗る。つまり、今なら、

「文部省におつとめの文藝春秋課長さあん」

とか、

「NTTにおつとめの通信省次官さあん」

という、まことに奇妙な呼び方になるわけで、清少納言、和泉式部というのも、つまりは同じ方式である。

小督というのも同じ――で、父親の藤原成範《ふじわらのしげのり》が右兵衛督《うひょうえのかみ》、左兵衛督、右衛門督《えもんのかみ》（うえもんと言わずえもんというしきたりになっている）、などを歴任しているので、この「督《かみ》」（長官）を督の殿《こうとの》というところからその名がつけられた。建春門院中納言の方は、歌人藤原俊成《としなり》（しゅんぜいとも読む）の娘、以後ややこしい名前はやめて、俊成の娘と呼んでおく。彼女はこれも同じく有名な歌人、定家《さだいえ》（テイカの方がわかりやすいかもしれない）の姉にあたる。

さて、小督は俊成の娘のように建春門院に仕えていたのではない。建春門院が後白河法皇との間にもうけた高倉天皇に仕える女房だった。高倉天皇が、たまたまお母さ

まの建春門院の所へ御機嫌伺いにきたのにお供して、その御所にやってきたわけで、俊成の娘が顔見知りでなかったのはそのためである。

この日の小督のよそおいがまたすばらしかった。「山吹《やまぶき》におい」と呼ばれる山吹色から黄へとぼかした何枚もの衣を重ねて、その上に紫がかった紅色の唐衣《からぎぬ》を羽織る、背後には白い裳《も》を裾長に曳く。いわば結婚式のときのトレインのようなものを腰から下につけて、ゆらゆらと曳きながら歩く。これは当時の女官の正装である。

しかも髪がつやつやとして長く、額のかかりぐあいが何ともすてきだった。物腰はいかにも優雅で、美女を集めた高倉天皇の側近の中でも群を抜いていた。

「いくつかしらねえ」

「さあ、十六、七っていうところかしら」

女たちの囁《ささや》きが続く。まだ初々《ういうい》しいティーンなのである。

「あれじゃ、男たちが放っておかないわよ」

「ええ、そうかも……」

予想にたがわず、小督にアツアツの男性がいることを、まもなく女房たちは知ったはずである。

恋の相手は近衛少将《このえのしょうしょう》藤原隆房《たかふさ》。いわゆる摂政、関白になるほどの家柄ではないが、その頃の実力者である院の近臣（前章参照）の家の息子である。なかなかの歌よみで、恋愛経験も豊富、このままでゆけば、この恋が実ろうと悲恋に終ろうと、まずは王朝の終末を飾る恋物語になったことであろう。というよりも、単に一巻の恋物語で終ったにすぎなかったかもしれない。

事態は、しばらく恋物語ふうに展開した。隆房は腕によりをかけて歌を詠み、恋文を贈った。小督は、はじめはためらっていたようだが、その情熱にほだされて、遂に隆房の愛をうけいれた。

いつ、どこで、どんなふうに？

などと聞くだけヤボというものである。宮中の恋は、いわばオフィス・ラブ。しかも当時の貴族たちには宮中での宿直があった。女房たちの局《つぼね》を訪ねる絶好のチャンスである。

当時すでに、隆房には妻があった。平清盛の娘のひとりと結婚し、男の子も生れていたらしい。もっともそういうことについては、あまりこだわらない当時のことだから、不倫な関係というほどのこともない。ただ清盛は当時の権力者である。小督の恋があまり大っぴらになると、隆房は舅《しゅうと》どのである清盛の前で多少気まずい思いをしなくてはならなかったかもしれないが……。

ところで、美女をめぐるこのロマンスは、やがて少し風向きがおかしくなってくる。いや、少しどころではない。黒雲が湧き、そのうち暴風雨が巻きおこってきた。美女にはやはりトラブルがつきものらしい。

＊

多分、小督があまりに美しすぎたからなのだろう。隆房の前に恐るべきライバルが登場した。

高倉天皇そのひとである。隆房とのことを知ってか知らずにか、このライバルは小督に猛然とアタックしはじめるのだ。

それにしても、何というタイミングの悪さであろう。宮廷社会の女たちも認める美女なら、何で高倉帝は最初から彼女をわがものにしてしまわなかったのか。隆房との恋が熱を帯びてきてから名乗りをあげるとは、少し遅きに失するではないか……が、じつをいうと、これもやむを得ないのだ。高倉は小督より四歳も年下なのだから。

「うわあ、すてきな美人！」

と、建春門院付きの女房が大騒ぎをしたころ、高倉はまだ十四歳の少年だった。これでは、小督に思いをかけようといっても無理な話である。そして、高倉が恋に目醒め、

「お、こんな美女がいたのか」

と気づいたとき、すでに小督は隆房と恋仲になってしまっていたのである。

が、十五歳ともなれば、そろそろ異性への関心が強くなるのも当然だ。これを、「早すぎるゥ」

とするか、

「案外、おそいな」

と感じるかは読者におまかせしよう。が、ここで、性の問題に対する感覚が、当時と現在ではまるきり違うことを書いておかねばならない。誤解を生じるからである。

青少年の性については、現在まだタブー視する傾向が強い。徐々にもっとフランクに、という感覚が強まっているものの、とりわけ少年少女の場合は、結婚、出産、生活等がからんで、さまざまの問題が残されている。

が、当時は性について、それほどのタブー視はなかったようである。もちろんケース・バイ・ケースでさまざまな問題はあったが、少なくとも年少者の性がきびしく咎《とが》

められることはなかった。

中でも帝王の場合は全く問題は別である。帝王の結婚は政治行為であり、従ってきさきが出産するのも政治行為なのだ。帝王はだからなるべく早く結婚し、皇子をもうけなければならない。子供がないと後継者問題などでややこしいことになるからである。有力貴族は帝王の許へ娘を送りこみ、一日も早い皇子誕生を、と手ぐすねひく。

そのためアドバイザーは乳母《めのと》がつとめる。当時の乳母は、幼時に乳を呑ませたり、おむつをとりかえるだけの役をつとめるのではない。生涯身辺につきそう養育の最高責任者、つまり、現在の保母さん兼、小、中、高、大学の先生といったところである。現代の先生は子供数十人に一人だが、当時は一対一、それこそマン・ツー・マンでみっちり教育する。いや、天皇家や上級貴族では複数の乳母はザラだし、乳母はそれぞれ自分の子供たちをお遊び相手に侍らせるから、まさに子供一人にセンセイ数人という状態だった。

乳母の役目は、若君の全人格養成だが、その中には、もちろん思春期からの性教育も含まれる。これは重大な必修課目、それこそ噛んで含めるようにお教え申しあげるわけだが、そこが紙一重行きすぎると、乳母が自分自身を実験材料に提供することにもなりかねない。そして、高倉に近侍する乳母の帥局《そつのつぼね》も、あまりにも「忠実すぎる」

乳母の一人だった。

高倉が、乳母をついみごもらせてしまったのは十五歳のとき。が、これを単なるスキャンダルとして肩をすくめたりするのはどうだろうか。乳母と若君というのは、まさに一心同体、実の母よりその結びつきは強いのだ。母にして姉、そして教師にして侍女。幼いときから知りすぎているその肌、その乳房に、ある日、異性を感じ、のめりこんでいったとしてもふしぎはない。若君にとって、乳母こそ「女」のすべてなのだから。

高倉はかなり本気で帥局を愛したのではないだろうか。しかし、こうした関係はふつうは秘密裡《り》に処理されてしまうのだが、高倉はそれをしなかった。敢《あ》えてこの事実を公開し、やがて帥局が女児を出産すると、まもなく女児は内親王として公表され、やがて伊勢の斎宮に選ばれる（当時は未婚の皇女が伊勢神宮に奉仕することになっていた）。むしろ不実だったのは帥局の方で、数年後誰かと密通したあげく、流産して急死してしまった。

小督が高倉の眼にとまるのは、思うに帥局が懐妊して内裏を退出したころではなかったか。恋の世界を知ってしまった高倉は、改めて彼女の美しさに眼をこすったに違いない。こうなると、小督としても帝の仰せには従わざるを得ない。諦めきれないのは隆房である。　未練がましく宮中へいっては彼女の局のあたりをうろうろしたり、歌を詠みかけたりしたが、小督はさすがに高倉の手前を憚って、その歌を手にとることもしなかった。

　まさに大悲恋の物語である。『平家物語』はこの話を、もの悲しく語ってくれる。

「今は此世《このよ》にてあひみん事もかたければ、いきてものを思はんより、死なんとのみぞねがはれける」

　生きていてもう会うことがないなら死んだほうがまし！　と隆房は思ったというのである。

　これはまた、なんとオーバーな！

　そう思っていただいて差支えない。実は隆房という男性、かなりちゃっかり屋の要領居士《こじ》なのである。死ぬどころかこの後もしたたかに生きぬいて、結構出世もしている。『平家物語』はこういうオーバーな表現や作り話をよくするのだが、このことは少し後で触れることにして、小督のその後を追ってみよう。

　高倉に寵愛された彼女はやがてみごもる。治承元（一一七七）年のことである。出産予定は十一月。ここでロマンチックな恋の場面は一転して、美女の周囲に猛烈な嵐が吹きまくることになる。

＊

ではなぜ、美女に嵐が吹きつけてきたのか？　それは、彼女の懐妊は恋の結末ではなくて、彼女と高倉の「政治行為」とみなされたからだ。

「けしからん、実にけしからん！」

頭から湯気をたてて怒ったのは、平清盛だ。なぜなら、彼の娘の徳子は、すでに高倉の正式のきさき——中宮《ちゅうぐう》として入内《じゅだい》していたからである。

「俺の娘がみごもらぬうちに、小督がみごもったとは許せない」

激怒の理由はそれだ。徳子はじつは高倉より六歳年上。高倉が十一歳のときに入内し、ファースト・レディの地位を確保した。すぐの懐妊は無理としても、後は高倉が大人になるのを待つだけ、という有利なポストにあったにもかかわらず、さきには師局、今度は小督に後《おく》れをとったとは何たること！

スジから言えば、清盛は娘を叱咤《しった》すべきであったろう。あるいは高倉に文句をつけなければならないところである。が、相手が帝王となればそれもならず、彼はすべての怒りを小督に向けた。

ではなぜ、帥局ではなくて小督に？

理由は簡単である。帥局の子ではたとえ皇子であっても、外聞上、皇太子にはできない。が、小督の産む子が男だったら？　コトは重大だ。もし徳子がこの先も男の子に恵まれなかったら、この子が高倉の後継者になる可能性は十分ある。

何となれば——。小督の家柄はかなりのものだったからだ。改めて系図をふりかえってみよう。

まず彼女の祖父は藤原通憲《みちのり》。出家して信西《しんぜい》と名乗った。家柄は中どころだが、今なら偏差値最高クラス、名門大学も現役で難なくパスという秀才で、しかも権謀の大家だった。さしずめ、

「今度の首相は、あいつにしてやるか」

と策を練るキング・メーカータイプ。それも現在の誰かさんより十倍も凄腕《すごうで》で、後白河法皇が皇位につけたのも、信西のおかげだといっていい。もっとも策士策に溺れるのたとえどおり、彼自身やりすぎて人に恨まれ非業《ひごう》の死を遂《と》げるが、もうちょっと生かしておいたら、日本の歴史は少し変っていたかもしれない。計数にも明るく、内裏復興の予算を一晩ではじきだしてしまったという、頭の中にコンピューターを内蔵しているような人物だった。

その上、信西の妻は紀伊局《きいのつぼね》といって、後白河の乳母だった。乳母が法皇に対してどんなに大きな影響力を持つかはすでに書いたとおりだし、キャリア・ウーマンとしてかなりの力量の持主だった彼女は、信西の死後も、後白河に密着して隠然たる勢力を握っている。

小督の父の成範はこの二人の間の息子である。後白河の最も信頼する側近の一人で、なかなかの教養人だ。平安朝後期、つまり院政期になると、こういう側近の娘が天皇の寵愛をうけ、その産んだ皇子が皇位につくというケースはかなりある。げんに高倉の生母の建春門院もこうした一人である。

これまで清盛は成範とは仲がよかった。ひところ、娘の一人(徳子とは母が違う)が成範の妻になっていたこともある。この娘は後に別の男性と結婚したし、もちろん小督の生母ではないのだが、その後も成範とは親戚づきあいを続けている。

——しかし、小督がもし皇子を産んだら?

清盛は多分、蒼くなったり赤くなったりしながら唸《うな》ったことだろう。成範はきれものの父に似ずおだやかな人柄だが、しかし小督が皇子を産めば、周囲が放っておくまい。

たとえ中宮でなくても、産んだ子が即位すれば国母《こくも》と呼ばれ、門院号が授けられる。

こうなると他のきさきとは別格の扱いになる。建春門院がそのよい例ではないか。──この俺が、徳子に託した夢を、成範に奪いとられてしまうのか。

清盛の危機感も理解できようというものである。

そして、小督の懐妊が知れわたった折、清盛の不安は的中した。まるで皇子誕生を先取りするような形で、平家打倒のクーデターが計画されたのだ。鹿ヶ谷《ししたに》の陰謀事件というのがそれだ。

表面だけみれば、小督は全くこの事件には無関係である。父の成範も登場しない。事件の発端はこのころよくある所領問題で、年貢にからんだ暴力沙汰から、延暦寺《えんりやくじ》と後白河の側近のあるグループが対立した。事実関係はややこしいので省略するが、側近のグループは、延暦寺のトップである座主《ざす》の責任を問いつめ、これを解任しようとし、延暦寺は、側近の流罪《るざい》を主張した。

こういう問題はどっちもどっちで黒白はつけかねる。延暦寺も僧兵を多勢抱え、寺院というより一種の暴力組織化している。このときも解任、流罪ときまった座主を、流される途中で奪いかえすというようなことをやってのけている。

ところで、清盛はそのころ延暦寺とは仲がよかった。座主を奪い返した延暦寺を攻撃せよという議論にも、だから消極的だった。

そんな清盛に、側近グループは反感を募《つの》らせる。事態はしだいに、清盛・延暦寺対側近グループという様相を呈してくる。側近グループは敵意をむきだしにし、

「清盛をやっつけてしまえ」

と鹿ヶ谷で密議をこらす。この時点で彼らは積極的に後白河に働きかけを行ったらしい。それまで後白河と清盛の仲はかなり親密だったのだが、どうやら、後白河は側近グループの誘いに応じた気配がある。

こうした動きを未然に察した清盛は、突然その中心人物である西光法師《さいこうほうし》を捕えて首をはねてしまう。まさに抜く手も見せぬ鮮やかな反撃である。一味はすべて捕えられ、斬られたり流されたりしたが、清盛もさすがに後白河への手出しはしなかった。

これが事件のあらましだが、しかしこのクーデターのカードをぐるりと裏返すと、おもしろい事実が浮かびあがってくる。

まず、後白河についていえば、その前の年、愛していた建春門院に先立たれた。平家との関係はこれでぐっと薄くなっている。それに反比例して乳母の紀伊局の発言力は強まったと見ていい。

いま高倉の子をみごもっている小督はほかならぬ彼女の孫娘だ。

「法皇さま、もし小督が皇子を産みましたらそのときはよろしく」

くらいなことは言っているに違いない。何しろそれまでは建春門院がべったり密着していたし、何といっても高倉の生母——国母だから、発言力は強い。しかも中宮徳子は建春門院の姪だから、生きていたら、とうてい小督の産んだ皇子の立太子など承知はしないだろう。紀伊局は、建春門院のいなくなった今こそチャンスと思ったはずだ。

ところで清盛に斬られた西光だが、彼はじつは紀伊局の夫、信西の一の子分なのである。ここで信西の孫、小督のためにひと働き、と思ったかもしれない。もし小督が皇子を出産し、ついで立太子とでもいうことになれば、西光は殊勲第一、新皇子の側近の一人にのしあがることができる。

つまり、この事件は、所領問題のように思えて、じつは小督という銘柄の先物買いをしたのだともいえる。今でも選挙が近づくと政治銘柄が兜町《かぶとちょう》で躍りだすというではないか。当時の政界の連中は今の政治家や証券マン以上に鼻がきく。小督が皇子を産んでからでは遅すぎる。それより先に、材料含み株は体を張っても買うべきだ、というのが彼らの政治哲学ではなかったか。そう思うと、清盛の激怒、唐突《とうとつ》な西光斬首も納得できる。ただの所領問題のこじれくらいなら、そこまでカッカしなくてもすんだのだが、コト小督にからんだ動きとなれば、

――うぬ！　わが娘、徳子をコケにする気か。

一気に西光を斬ってしまったのも、父性愛のなせる業《ごう》だ。何しろ、このとき、徳子はまだみごもっていない。父親の眼からすれば、いよいよふびんな娘なのだ。

後白河に対しても、清盛の恨みは深かった。この事件を契機に両者の蜜月時代は終りをつげるのだ。

――法皇はわが一族を裏切ろうとなされた。この分では、徳子より小督の肩を持たれるかもしれぬ。

そう思いこんでしまったのではないか。

いわばこのときの政界の混乱は、小督と彼女が胎内に育《はぐく》みつつあった小さな生命の惹きおこしたものだ。

それが悲劇だったか、喜劇だったか？　結論は十一月の小督の出産の日にあきらかになるはずだ。

皆が息をこらして見守る中で、元気な産声《うぶごえ》をあげたのは、ああ、何と女の児だった……

ザンネン！「歴史をさわがせかけた」小督は、とたんに「歴史をさわがせそこねた」女に転落する。

が、あるいは、それが彼女のためには幸福だったかもしれない。もし皇子が生れていたら、清盛はますます激怒するだろうし、反平家グループはまたぞろクーデターを計画し、都は大混乱に陥ることだろう。

あるいはその後、徳子が皇子を産んだとする。政界は現在の総裁選挙前夜の様相さながら、「ああせい会」だの「そうせい会」だのが生れて、これも、おもしろい眺めとはなろう。

こうした「もしも」を考えることは歴史にとっては無意味なのだが、いま私は、もう一つの「もしも」を考えずにはいられない。というのは、もしも、小督所生の皇子が即位する、というような情勢が出現したら、あの源平合戦や、屋島《やしま》、壇《だん》ノ浦《うら》の悲劇、ひいては安徳天皇の入水《じゅすい》という事態は起らなかったろう、と思うからだ。

たしかに平家滅亡は歴史の必然のようなものだから、いつの日にか滅びるときがやってきただろうし、攻めるのは多分東国武士団という新しい歴史の担い手たちであろうが、あんなふうにドラマチックに事態が展開したかどうか……

平家一門はかなり柔軟性のある政治人間の集団である。もしも小督の子が即位したとすると、けろりとして、その側近に密着して繁栄を続ける場合も予想できるのだ。激怒した清盛も、徳子に男の子が生れないときまれば、案外、気をとり直して、柔軟路線を選ぶ可能性もないわけではない。

これは単なる空想ではない。じつは平家一門はこの小督の産んだ娘を中宮徳子の養女分としている。皇女はやがて賀茂《かも》の社《やしろ》の斎院（伊勢の斎宮と同じように賀茂に奉仕する皇女）になった。

周知のように、この小督事件が落着した後、治承二（一一七八）年になって徳子は皇子を産む。これが悲劇の安徳天皇である。この後じつは、宮廷の女房たちが次々と高倉の子をみごもって出産するが、これらの皇子、皇女の世話をしているのは、平家一門かそれに縁のある人々である。彼らもそれほど寛大な心の持主だったわけではないのだが、少なくとも、彼らを謀殺しようなどとは考えなかった。一つには怨霊《おんりよう》になってては困ると思ったのだろうし、もう一つには、徳子の所生の皇子に万一のことがあったときのスペアに、という魂胆が働いていたかもしれない。そのためには感情を押し殺しても手のうちに囲いこんでおく、というのが彼らの政治的判断である。

こんなふうに考えると、小督に男の子を産ませてみたかった、という気がしてくる。そしていつの日か、絶世の美女が、何々門院と呼ばれてトップ・レディの座につく——そんな光景を考えてみるのも楽しいではないか。

が、現実の彼女にその栄光はめぐってはこなかった。皇女を出産して二年後、うら若い身で突然出家してしまうのだ。理由はわからないが、このころ、後白河と清盛の間はまたもや険悪になり、遂に後白河は政治から手を退かざるを得なくなる。小督としては、また高倉に召されてみごもったりして、政治の渦に巻きこまれるのを避けたかったのではないだろうか。美女はことのほか賢明な政治判断のできる女性だったのかもしれない。

ところで、二十年ほど経ってから、例の俊成の娘が、嵯峨《さが》で偶然小督に逢っている。すでに四十の半ばに達した尼姿の小督に、かつての日の美貌を思いだし、感慨無量であったらしい。小督についての消息がわかるのはそこまでで、以後は消息不明である。

ところで、『平家物語』を御存じの方は、こうした小督像に、いささか不満をお持ちかもしれない。

「小督の名場面がないじゃないの」

しかし、決して忘れているわけではない。その理由を書く前に、一応その名場面を紹介しておく。

小督が隆房の愛を退け、高倉の寵愛をうけるようになったころ、清盛がこれを聞いて激怒した。

「高倉帝の中宮もわが娘、隆房の妻もわが娘、二人の娘婿を奪うとはけしからん。召し出して亡きものにしよう」

小督はわが身の危難よりも、高倉に迷惑のかかることを恐れ、行方を知らさず身を隠してしまった。悲しみにくれた高倉帝は、八月の十日過ぎの月の明るい晩に、近臣の仲国《なかくに》に小督を尋ねてくるようにと命じる。

噂によれば、嵯峨野にかくれているということだったが、家の持主の名もわからない。仲国は困りはてたが、小督が琴の名手で、かつて自分の笛と合奏したことがあるのを思いだした。

「この月の夜、もしや帝を思いだされて、琴をひいておられるかも……」

その琴の音をたよりに嵯峨野をさまよい歩き、遂に小督を見つけだす。月の夜の嵯峨野、そして琴の音……。これが『平家物語』の名場面である。

仲国は高倉の文を手渡し、明日は大原の奥へ移って出家するという小督をなだめ、内裏へとって返して高倉に報告し、牛車《ぎっしゃ》を準備してもう一度嵯峨野へ戻って小督を連れてくる。こうしてふたたび高倉に愛されるようになって小督は遂に女児を産んだ。

これを聞いた清盛は大いに怒って小督を捉えて尼にして追放した。以後小督は嵯峨に住んだが、高倉は悲しみにくれ、これが原因で世を去ってしまった……というのがあらましである。

大変ドラマチックだが、どうもこれは『平家物語』の創作らしい。第一、お膳立てが整いすぎている。これについては、京都大学教授上横手《うわよこて》雅敬《まさたか》氏の『平家物語の虚構と真実』の中に、詳しい考証がある。仲国という名の側近もいたらしいが、物語の人物とはマッチしないとか、そのほかモデルにしてもいい人物についても興味ある事実を紹介しておられるが、結論的にはやはり虚構という見方に立たれている。

私もかつて、この場面について『源氏物語』の桐壺《きりつぼ》の巻で、靫負命婦《ゆげいのみょうぶ》が亡き桐壺更衣《こうい》（源氏の母）の家を訪ねる場面に似ている、と書いたことがあるが、どうも『平家』は『源氏』の美意識に影響されてこの部分を書きあげたのではないかという気がしてならない。

『平家物語』は小督について、このほかにも不自然な書き方をしている。まず高倉帝は、さきに葵の前《あおいのまえ》という美少女に心を魅かれていたのだが、その少女が急死してしまい、悲しみに沈んでいたので、中宮徳子が、それを慰めようとして、自分に仕える女房の中から小督を選んでさしだした、というのである。

妙な話ではないか。夫に妻が他の女性を提供するなんて！　まだこのとき徳子はみごもっていない。そんなときに別の女を提供するヒトの気が知れない。

『平家物語』を読みはじめたころの私は仰天したが、まもなく、これも創作だ、と気がついた。『平家』は徳子をおっとりとした寛大な女性に仕立てあげようとするあまり勇み足をやってしまったのだ。

やさしい徳子、そしてコワーイ清盛。これが『平家』のパターンである。清盛は決して小督を亡きものにしようなどとはしていないのに、ずいぶんコワイおじさまに作りあげてしまったものだ。

それより『平家』の盲点は鹿ヶ谷の事件がじつは小督の懐妊と同時進行していた事実に触れていないことだ。この二つの事件を全く別々に書いてあるので、つい読み落しがちだが、これは表裏一体の事件なのである。それを重ねたとき、じわーっと美女の「歴史のさわがせ方」が浮かんでくるはずなのだが……

平家一門の肝っ玉母さん

平　時子

むざんな話ではあるが、母子心中のニュースは、近頃後を断たない。が、ここにくりひろげられたのは、祖母、母、子三代そろっての入水《じゅすい》自殺である（ただし母は未遂）。しかも行きがけの駄賃に、日本に二つとない、ホンモノのお宝も海に沈めてしまった。

しかも祖母の手によって海に沈められた幼児（祖母にとっては孫）というのは、タダの子供ではなかった。たった八歳ながらときの天皇なのだ。現在そんなことが起って、もし祖母が死損なって生きかえってしまったらどういう罪に問われるだろう？

国王殺害、国宝破損紛失罪――。

そんな法律があるかどうかしらないが、まさにショッキングな大事件であり、彼女は歴史上最大の悪女ということになる。

もし彼女が法廷に立ち、

「はい、私は天皇を殺しました。国宝も海に投げすててしまいました」

と言ったらどうだろう。

傍聴席は騒然、人々は、

「死刑だ。そいつを殺せ！」

制止もきかずにわめきたてることだろう。

が、この悪女に対して、史上こうした悪評は聞いたことがない。それよりむしろ、彼女に対しては、

「気の毒に、かわいそうに……」

と同情の声が高い。いや、じつは私も彼女について小説を書いているのだが、やはり彼女を悪女と罵《ののし》るどころか、ついつい、

「よくやったぜ、肝っ玉母さん」

と言いたくなってしまうのだ。

その人の名は平時子《たいらのときこ》——といってもピンとこない方には、平清盛の妻と但し書をつければおわかりいただけると思う。

彼女が海に沈んだのは一一八五年の三月（旧暦）。その歳月の長さが、むざんな事

件にヴェールをかけてくれるのか、それとも——。

すでにご存じのように、彼女の死は、平家滅亡のその日——つまり、戦いのさなかである。戦争という極限状況が、この常軌《じょうき》を逸した事件の残酷さを弁護してくれているのか。歴史ものを書く人間は、敗戦、落城、暗殺というようなことを、ごくあたりまえのこととして扱う。私もその例外ではないのだが、考えてみれば、これは大変なことである。

では、なぜ、平時子はこんな異常なことをやってしまったのか。もし、タイムトンネルをくぐりぬけて、マイクを突きつけ、

「ご感想は？」

とたずねたら、彼女からはきっと、

「私だって、はじめからそんなことをするつもりはなかったんです」

という、ごく平凡な答が返ってくるに違いない。むりもない。彼女も、じつはごく平凡な人間なのだ。育った環境も平凡そのものだ。少なくとも三十代の終りごろまでは、自分の孫が天皇になるなどという未来は想像もできなかったはずである。

時子の父は平時信という、中流官僚貴族である。数代前には、参議という閣僚クラスのシッポのポストを占めた人間もいたが、その後はあまりパッとしない状態が続い

た。これは当時の官僚貴族の宿命みたいなものだった。そのころの政治の最高のポストは藤原氏の中の主流が世襲《せしゅう》的に独占している。それ以外の藤原氏は中流官僚でうろちょろするほかはない。まして平家にいたっては、時折ひょんな運が開けて、閣僚のシッポにありつくこともある、といった程度であった。

この父親のことは、あまり時子の記憶にはなかったのではないか。彼女の弟が生れてまもなく、父は別の女性と結婚して女の子を、その後また別の女性と結婚して男の子をもうけた——と書くと、ひどく浮気なようだが、当時の結婚は、男が女の所に通ってくる形をとるから、こういう形がむしろ多いのだ。

それも、男だけに結婚の自由、恋愛の自由があったわけではなく、女が複数の男性と交渉を持つことも全く自由であり、げんに時子の母は、時信と別れてまもなく、別の男と結婚し、男の子をもうけている。だから離婚といっても、けんか別れでもなく、ごく軽やかに結婚し、軽やかに離婚するといったていのことではなかったか。

しかし、時子の結婚の形態はこれとは違っていた。清盛と結婚したのが何歳のときかはわからないが、彼女は明らかに清盛の六波羅《ろくはら》の邸に「オ嫁入リ」している。当時のしきたりとすれば、最初清盛が時子の家に通い、しばらくして、六波羅邸に迎えいれられたのだろうが、ともあれ、嫁入婚《よめいりこん》をしたことはたしかである。平安朝末のそのころは、結婚の形態もさまざまで、時信のように通ってくるのもあれば、女の家に住みつく婿入婚《むこいりこん》も多い。その中で嫁入婚は、比較的新しい形といえるかもしれない。ただし、オカネはうなるほどあった。そこへお嫁入りしたのだから、幸福な結婚というべきだが、そのころの清盛家は、後のように栄光に輝いていたわけではなかった。ただし、オカネはうなるほどあった。

「ウホッ、いい嫁ハン貰ったぞ」

とにやにやしたのは清盛の方ではなかったか。何となれば、同じ平家でも清盛家はいわば武家平氏、時子の家は公家《くげ》平氏であり、家柄からみると、ちょっとばかり時子の家の方がいいのだ。さきに書いたように、時子の先祖は閣僚級にまで達しているが、清盛家にはトンとそういう人物はいない。せいぜいが地方官で、父の忠盛のとき、やっと中央の官僚の中級クラスにこぎつけた程度である。家柄とか先祖の官職がものをいう当時として、この結婚は、清盛にとって決して悪い縁組ではなかったはずだ。

時子は二十二歳で長男の宗盛《むねもり》を産むが、そのころ、彼女は、公家平氏と違った武家平氏の荒っぽさに肝《きも》を潰《つぶ》していたのではあるまいか。

当時都は大騒動に巻きこまれていた。

「延暦寺の僧兵がやってくるぞっ」

「それっ、逃げろ、逃げろ！」

僧兵というのは、一種の暴力集団である。墨染《すみぞめ》の衣《ころも》などを着ているが、仏教とはおよそ無縁の組織暴力――つまり黒い背広に黒眼鏡の××組のオニイサマと思えばいい。その暴れん坊は、何かというと日吉《ひえ》神社の神輿《みこし》をかついで都にやってくる。お神輿サマのお通りでは手向いができないからだ。その恐ろしいオニイサマ方がこのとき要求していたのは、何と、

「平忠盛、清盛を流罪《るざい》にしろ！」

ということだった。ことの起りは、日吉神社の末社である祇園社《ぎおんしゃ》（現在の京都の八坂神社）の神人《じにん》（神社に奉仕する人間）と、忠盛、清盛の従者がけんかをしたからである。こうした言いがかりのつけ方も、何となく現代と似ている。

そしてじつは、インネンをつけられた平家も、山伏と似たような、一種の組織暴力集団だったのである。武士という言葉から、我々は鎌倉の武士や江戸時代の武士を想像するが、そもそもは、職業的な殺し屋集団のようなものだった。平安時代は軍隊のない（あっても儀仗兵《ぎじょうへい》どまり）、警察力も弱い時代だったから、有力者は、警固の為に、こうした連中を身辺においた。時子のころより百数十年前のころになるが、当時栄華をきわめた藤原道長の身辺には、源頼光《よりみつ》（ライコーといった方がわかりやすい）とか、

殺しの上手といわれた源頼親《よりちか》などがいて、警固の役にあたっていた。

つまり、頼光たちは組織暴力集団の親分であり、かつガードマン会社の社長だった。その上驚くべきことは、彼らはやがて警察権も与えられ、官僚としても出世しはじめたのである。頼光や頼親は、美濃守《みののかみ》とか大和守《やまとのかみ》に任じられている。知事クラスといっていい。さすがに現代では××組の組長が警視総監になったり県知事になったりはしないが、優雅な平安朝は、一面、そういうことが平気で通用していた驚くべき時代だった。

忠盛、清盛の時代にはさらにそれがエスカレートしていた。清盛も若いときから国の守に任じられている。延暦寺とのいざこざの起きたときは三十歳ですでに安芸守《あきのかみ》――広島県知事でもあった。父の忠盛も早くからこうした役職を得ているが、当時の国の守というのは月給何百万のお役人ではない。税金を取り立てる税務署長がむしろ本来の役目で、それも一種の請負制度だった。何億ときめられたものを納めれば、それ以上は自分のものにしても文句は出ない。取り立ての方は腕っこきの部下を使ってびしびしやるから、四年間で手にするものはン億、ン十億？

その一部を上皇サマのお寺造りなどに寄進してゴマをすると、

「感心な奴、次は別の国の守にしてやる」

と、たちまち投資額に数倍する利益が約束され、官位も昇進する。

また、瀬戸内海の海賊退治を命じられると、大ものにはわたりをつけて、その上りをかすりとる約束で見逃してやって、小者だけを摑まえて、また恩賞にあずかる。こうして瀬戸内海の航海権を抑え、密貿易に手を出して、またまた巨利を貪《むさぼ》る。今でいうなら、公金横領、贈賄《ぞうわい》、職権濫用、ありとあらゆることをやってのけても、悪口を言われるどころか、口うるさい公家にまで評判がよく、

「平忠盛は自分の身はつましくしていて、なかなか感心だ」

と言われたのは、よほど鼻薬のきかせ方がうまかったのであろう。

こうした新興の大ボス、平家組の擡頭《たいとう》に神経を尖らせたのが、旧来の組織暴力の大手である寺社勢力の興福寺組、延暦寺組だ。ささいなけんかを口実に、忠盛、清盛の流罪を要求したのも無理はない。

産前、産後のどちらだったかはわからないけれども、延暦寺の僧兵が押し寄せてくる、と聞いては、時子も震えあがったことだろう。もっとも、このとき彼女はまだ平家組の姐御《あねご》ではない。大親分の忠盛が健在で、その妻の宗子（後妻で清盛の生母ではない）がなかなかの大ものである。清盛はいわば若頭といったところであろう。

さて、この大いくさ、結局何のことはなく、清盛が贖銅《しょくどう》三十斤を科せられただけで

けりがついた。つまり罰金刑ですんでしまったのだ。やはり上皇はじめ高官への日頃の鼻薬のおかげであろう。

おさまらないのは延暦寺の僧兵たちで、自分たちのボスである座主《ざ す》行玄《ぎようげん》に文句をつけ、

「あんたが弱腰だからいけないんだ」

と、その僧房を叩きこわし、行玄を追いだしてしまったが、結局僧兵は逮捕され、対平家事件は、清盛側の勝利に終った。

まさに嵐の中で、時子の人生は始まったといえるだろう。その後、彼女は女の子や男の子を産む。女児は後に高倉天皇のおきさきになる徳子である。そのうちに忠盛が死に、清盛が大親分の座につき、時子も必然的に姐御にまつりあげられることになるのだが、それからまもなく、彼女は大事件に遭遇しなければならなくなる。

＊

彼女の経験した大事件――それを歴史の方では保元《ほうげん》・平治《へいじ》の乱と呼ぶ。ややこしいことを省略すると、これは天皇家とその下の政治家の権力闘争から起った武力対決で

ある。

保元の乱は図式的に描けば、

後白河天皇VS崇徳上皇

後白河の側近藤原信西《しんぜい》VS左大臣藤原頼長

それにモロモロの人脈がつながり、双方が源・平という大組織暴力集団を使って戦ったのだ。この場合、源・平両者が敵対したわけでなく、源氏も平家も、それぞれ声をかけられた方へついたのであって、いわば傭兵隊《ようへいたい》、雇われ暴力団である。

ただ、これまでと違うところは、両者とも攻撃力として使われたことだ。これまではいわば現代の自衛隊と同じく専守防衛で、延暦寺や興福寺の僧兵の乱入を防ぐとか、小暴力事件の鎮圧にだけ使われたのが、ガラリとさま変りして、攻撃戦力になった。自衛隊もいつかこうなるのか、と考えさせるという点で、保元の乱は暗示的である。

さて、このときの勝利者は後白河・信西側だった。こちらについた清盛は恩賞として播磨守《はりまのかみ》になる。播磨は当時随一の富裕国で、それだけみいりもよい国であった。つづいて彼は大宰大弐《だざいのだいに》に任じられた。九州一円を統轄《とうかつ》する大宰府の次官だが、実質的には長官である。国の守の上だから、収入も飛躍的にふえるが、それと同時に、ここは貿易公社を兼ねた役所であり、対外輸出輸入の総元締である。公的にも、また内密にも大儲けのできるポストだ。父の忠盛はこのポストにつけなかったので密貿易を行って文句をつけられたのである。

さて、保元の乱の三年後に起ったのは平治の乱で、これは勝利者内部の内ゲバである。図式的にいえば、

後白河側近の藤原信西VS藤原信頼《のぶより》

平清盛VS源義朝

ということになる。

このとき、時子は平家組の大姐御ぶりを発揮した。ちょうど清盛は熊野詣《もう》でに出かけて留守だった。それを狙って源義朝たちは挙兵し、信西を敗死させたのである。これをいち早く清盛に知らせたのは留守を預る時子に違いない。連絡が早かったおかげで、清盛は参詣を中止し、義朝の隙《すき》を狙って帰京、たちまち兵を挙げ、油断していた信頼を誅殺《ちゅうさつ》し、義朝を敗走させた。

この平治の乱が保元の乱と違うところは、雇われ暴力団が誰かのために戦ったのではなく、自分たちの権力争いをやったということであろう。いつのまにか、彼らは傭兵でない実力者になっていたわけだ。そして源氏を敗走させてしまうと、

「気がつけば俺の天下」

であった。

かくて平家時代の到来となるのであるが、しかし、ただちにそうなったわけではない。

じつはこの内ゲバをにやにやしながら眺めている貴族グループがあった。後白河天皇の譲りをうけて即位していた二条天皇（後白河の子）の側近である。なかなかのきれもの揃《ぞろ》いで、後白河の近臣の争いを、

「ま、お好きなように」

と眺めていた。内部抗争で後白河の側近の力が弱まれば、相対的に自分たちの力が強まる。それをめざして、彼らは積極的に乱の仕掛人に廻った気配もある。つまり保元の乱のように簡単に割りきれない政治状況が渦を巻いていたのである。軍事的に見ればたしかに清盛の勝利だが、いちばんトクをしたのは、二条側近グループというべきであろう。

後白河としては、わが子とはいっても、二条派の擡頭はおもしろくない。こうなってくると清盛の立場は微妙である。今までは傭兵隊長として、一人のエライさんの言うことを聞き、ゴマをすっていればよかったのだが、雇われ暴力団の性格を脱して、政治家的性格を帯びてくると、二条と後白河のどちらにもいい顔をしなくてはならな

くなる。かくて清盛の八方美人時代が始まるのだが、ここで重要な役割を果したのが時子であった。

彼女はこのとき、突如キャリア・ウーマンとして歴史に登場するのだ。何と二条天皇の乳母《めのと》という資格で、二条即位に伴う重大な行事の一つ、八十島祭《やそしままつり》の主役を演じるのである。

時子が二条の乳母だって？

そんなことはこれまで聞いたこともない。私も小説を書くときにあれこれ調べてみたのだが、二条誕生のころ彼女が乳母として奉仕したという記録は遂に発見できなかった。といっても可能性は皆無というわけではない。あるいは——という気もするが史実として押えられないのである。何かの事情で急遽《きゆうきよ》任命されたのではないかと考えておく。

この乳母が政治的に大きな意味のあるポストだということは前にも書いたので詳しいことは省略するが、当時の乳母は単に嬰児《えいじ》に乳を与えるだけでなく、後々までその側近に近侍し、強い発言力を持つ。天皇家のような場合、一人の皇子に何人もの乳母がつくし、現実には乳の出ない乳母も、もちろんいる。つまり彼女たちは養育官なのである。

とりわけ天皇の乳母がいかに権力を握るものかを、これ見よがしに見せつける行事が八十島祭である。これは乳母が天皇の衣《きぬ》を捧げて難波《なにわ》（大阪湾）へ出向き、海の諸神を拝して幸運を祈る儀式で、古くは天皇自身が直接出向いて行った。もしかすると大嘗会《だいじょうえ》より起源が古いかもしれないといわれているくらいな重大な即位儀礼の一つである。それが後に乳母が代りに天皇の衣料を持参する形になったが、いわば乳母は天皇の名代なのだ。

このとき乳母は他の女官や一族をひきつれ、車を連ねて都を出る。途中からは船で淀川を下るのだが、神への豪華な供えものを用意しなければならず、また自分や一族の身支度等々、腰のぬけそうな出費を覚悟しなければならない。

多分、二条側が時子を乳母に任命したのは、この行事のため——さらにはっきりいえば、平家の富をあてこんでのことではなかったか。八十島祭へ行くとなると、時子は公式に典侍《ないしのすけ》のポストを与えられる。これは女官中第二位、つまり次官級である。無事に使をつとめると、従三位《じゅさんみ》の位が与えられる。今なら勲二等というところか。女の勲二等は現在でもなかなか得られないことを考えれば、めざましいゴ出世である。ちなみに、当時清盛は正三位、念願の閣僚クラス入りをし、参議になっている。

清盛はもともと後白河とは近い関係にある。しかし二条にもゴマをする必要に迫られて、時子を乳母とし、八十島祭の費用を負担したのではないか。

まさに二人三脚。当時の女性は、現代の飛行機のタラップで手を振る首相夫人よりも働きがあったようだ。このデンで亭主はアメリカ、女房はソ連へ笑顔をふりまけば、日本も清盛時代そっくりになるのであるが。

やがて清盛は権中納言に出世し、いよいよ政治の中枢に近づく。が、ここでもう一方の後白河との関係を見ておこう。当時は二条天皇のように成人した天皇は珍しく、たいていは幼帝であり、政治の実力は天皇の父なり祖父である上皇（法皇）が握っていた。院の周辺に侍《はべ》る別当（長官）以下の側近は政界の実力者の集まりだった。もちろん太政官《だいじようかん》（内閣）の閣僚が兼任する場合もあるが、家柄の関係で大臣などにはなれない連中が、ここでは大いに幅をきかせていた。清盛の父の忠盛も、祖父の正盛も白河・鳥羽に仕えてぐんぐん頭角をあらわした一人である。

清盛は当時、後白河と二条の両者の間を適当に遊泳していた。その中で時子は二条担当といった趣であるが、しかし、このとき、彼女が別の形で後白河への接近をはかっていたことにも注目すべきである。

彼女には母を同じくする弟の時忠がいる（兄とする説もあるが、弟と見た方がいい）。そのほかに、父が同じで母の違う妹の滋子という女性がいた。この時忠が当時きってのやり手で、後白河に側近として仕える傍《かたわ》ら、後白河の妹上西門院《じょうさいもんいん》に妹を宮仕えさせた。

滋子は絶世の美人だったらしい。宮仕えをしているうち、たまたま上西門院の邸を訪れた後白河の目にとまって、その愛情をうけるようになる経過はすでに書いたとおりである。おそらくこれは時忠の作戦だったと思うのだが、滋子はまもなく、後白河の皇子・憲仁《のりひと》を産む。

——どうだい！　首尾は上々だ！

時忠は躍りあがって、はやくも二条の後継者として憲仁の立太子を画策するが、あまりはしゃぎすぎて、二条に睨まれ一時は官職を解任されてしまう。

結局二条は早死し、その子六条《ろくじょう》帝は元服もしないうちに譲位させられ、憲仁が即位するので、時忠の野望はみごとに達成されたことになるのだが、こうしてみると、清盛を中心とする武家平氏の蔭にかくれるようにして、いちばんうまい汁を吸ったのは、時子ファミリーの公家平氏ということになりはしないか。

即位した憲仁はすなわち高倉天皇、その生母である滋子は建春門院という女院号を持ち、国母《こくも》（天皇の母）として、後白河の意見を左右するほどの権勢を誇った。ちなみに、「平家にあらずんば人にあらず」という有名な放言をしたのもこの時忠である。

正しくは、

「此《この》一門にあらざらむ人は、皆人非人《にんぴにん》なるべし」（平家物語）

人非人——つまり人でなしとはすさまじいが、この場合の「人」とは朝廷で出世できる人というくらいの意味にとった方がいい。

ところで、高倉の許《もと》におきさきとして入内するのが、ほかならぬ清盛と時子の娘、徳子である。こうしてみると、平家の娘である徳子が入内するまでの路線を敷いたのはまさに時忠と滋子、という時子ファミリーということになろう。有名な『平家物語』は清盛一家の繁栄だけを語っているが、じつは裏声で語るべきもう一つの『平家物語』も着々進行中だったのである。

そのファミリーと清盛ファミリーをジョイントするところに時子がいる。しかも時子は自分の異母妹を、継子の重盛《しげもり》（清盛の長男だが時子の所生ではない）や、わが子宗盛とめあわせている。今の感覚では叔母甥《おばおい》の結婚だが、当時はごくあたりまえのこととされ、タブーでも何でもなかった。

また、徳子を高倉と結婚させた後、高倉が別の女性に次々と子供を産ませると、これを異母弟に預けたり、異母妹を乳母にしてめんどうを見させた。わが娘の夫と関係を持った憎いライバルの産んだ子供だから、ふつうならギュウギュウいじめつけたいところを、逆手に出たのは、時子の肚《はら》のできたところであろう。万一徳子に子供が生れないときはその中の誰かを猶子《ゆうし》にすればいいし、一方では、この子供たちを皇太子に担ぎだそうとするような動きをいち早く捉えることができる。まことに重宝な監視装置を考案したあたり、時子はかなりの政治家だ。

多分、二条の乳母として政治社会に揉《も》まれるようになって体得した感覚であろう。時忠という名アドバイザーがいたためでもあろうが、政治家の妻として、いや、女性政治家としての成長ぶりは相当なものである。

＊

徳子はかなりまわりを苛立《いらだ》たせてから、やっと皇子を産む。その子がたちまち皇太子になり、やがて高倉の譲りをうけて皇位に——と、いよいよ平家時代到来の矢先、清盛が突然世を去る。たった数日高熱に悩まされただけの、あっけない最期だった。

そしてまもなく平家に没落の運命が迫ってくる。源頼政の挙兵につづく、頼朝、義仲の挙兵は清盛の生前のことだが、後に残った息子の宗盛は、

「供養はいらぬ。必ず頼朝の首をわが墓前に供えよ」

という父の遺言にとうとう応《こた》えることができなかった。だいたい、スケールの大きい両親に比べて子供たちは小粒である。時子にとっては継子の重盛は『平家物語』では聖人君子にまつりあげられているが、素顔はネクラで食えない男だ。早死してしまったから政治的力量は評価できないとしても、清盛以上とは思えない。その後を継いで総領になった時子所生の宗盛はお人好し、気働きが足りず、決断力に不足している。その下の知盛《とももり》は知性派で慎重型、重衡《しげひら》はなかなか勇敢だが、何といっても総領の統率力がものをいう当時、宗盛の指揮に従わねばならなかったことが、平家の悲運を決定的なものにした。

これだけの富と権力を握りながら、清盛の死後、たった四年で平家は滅亡してしまうのだ。考えてみれば、平治の乱で勝利を得てから滅亡まで二十六年、さしもの平家の栄華も、戦後の自民党政権ほどにも長続きしなかった。

高倉天皇のきさきとなった徳子が政治的に無能だったのも大きな失点の原因となった。時子の異母妹の建春門院滋子といい、鳥羽法皇の寵姫《ちょうき》美福門院得子といい、後白河の最後の愛人、丹後局《たんごのつぼね》といい、当時の上流女性は、ルイ王朝のマダム・ポンパドゥールそこのけの政治権力をふり廻している。徳子だって活躍の場は与えられていなかったはずはないのである。

が、なぜか彼女は何もしなかった。後世は、

「オカワイソウニ」

と彼女に対して同情的だが、案外、時子は、

——私、子育てに失敗した。

と臍《ほぞ》を噛《か》んでいたかもしれない。きさきとしての彼女、国母としての彼女がもう少し頑張っていたら、平家もあれほどみじめに滅亡しなくてもすんだのではないか。そう考えると、平家の運命が傾きかけて以来の時子の行動もうなずけるような気がする。

——宗盛も徳子も頼りにならないとすれば、私が平家の後始末をしなければならない。

清盛と自分が築いてきた平家時代である。清盛が死んでしまった以上、平家の最期を見届けるのは自分しかないと、時子は覚悟をきめたのではないか。

清盛死後の平家の転落ぶりについてはくりかえすまでもないであろう。木曾義仲の挙兵、進撃。平家一門の都落ち。このとき平家は後白河法皇も連れてゆくつもりだったが、一足早く身を隠され、これが致命的失点となって平家は悲運の坂を転がり落ちる。

このとき徳子の産んだ安徳天皇と三種の神器《じんぎ》を持って都落ちしたのがせめてもの幸いだった。結局四国の屋島に本拠を定めたが、天皇と神器がある以上、正統性が主張できる。それを武器に何とか名誉ある帰還を実現しようとするが、どうしてもうまくゆかない。

それでも自力で勢力を立て直し、木曾義仲が凋落《ちょうらく》するころ、一ノ谷《いちのたに》（現在の神戸市）まで進出するが、義仲を降した鎌倉勢――範頼《のりより》と義経《よしつね》の猛攻をうけて敗北、屋島に逃げ帰る。重衡が捕虜になったのはこのときである。

さらに義経の奇襲をうけて屋島の本拠も失い、海上に逃れた一族は、最後の決戦を、壇ノ浦の海上で試みる。忠盛が海賊を手なずけて以来、「海の平家」を誇ってきたものの、ここでも敗北して、一族のほとんどが海底に消えたのが一一八五年三月二十四日。

そして、その最後のときに、幕引き役として登場するのが時子なのだ。『平家物語』はこう書いている。

かねて覚悟していた時子は、濃い鼠色《ねずみいろ》の衣《きぬ》をかぶり、袴のももだちを高く腰にはさんで、三種の神器のうちの神璽《しんじ》を脇にかかえ、宝剣を腰にさし、

「わが身は女の身ながら敵の手にかかって死ぬようなことはしない。帝の死出の旅の

お供をするつもりだ。同じ志のある人は急いで後に続きなさい」

幼帝安徳を抱いて、しずしずと船ばたに歩みよった。安徳はあどけない瞳で時子を見ていう。

「これからどこへゆくの」

涙を抑えて時子は言う。

「帝はまだおわかりにならないかもしれませんが、前世によいことをなさったおかげで、あなたさまはこの世に帝王としてお生れになったのです。でもその御運も既に尽きました」

そして東へ向って伊勢神宮に別れを告げさせ、西方浄土の阿弥陀如来《あみだにょらい》を礼拝させた。さらに、

「この世は憂き世、いやなことばかり。その憂いのない極楽浄土へ、さあ参りましょう」

と言ってきかせ、

「波の下にも都はございます」

と、安徳を抱いて海の底へと沈んでいった……

『平家物語』のクライマックスの一つである。

もっとも、『吾妻鏡《あずまかがみ》』には、安徳を抱いて入水したのは按察局《あぜちのつぼね》という女房だったとあり、彼女は後で命を助かった、とわざわざ但し書きがついている。『吾妻鏡』は案外真実を伝えていることが多いのだが、先帝（安徳）は海底に没したと書きながら、按察局だけ助かったというのはどうだろうか。

そのほかにも、じつは海に飛びこまなかったり飛びこんでも助けられてしまった女房はかなり多く、しかるべき女性で確実に入水したのは時子しかいない。そうすると、やはり時子と安徳という組みあわせが一番妥当なような気がする。

周知のように徳子はこのとき助かっている。身投げしたものの、源氏の兵士が熊手でひきよせ助けあげてしまったのだ。覚悟の自殺にしては、ちょっとカッコ悪いなりゆきである。

もしかすると時子は、母親の勘で、徳子の覚悟の悪さを予感していたのではないか。だから、鮮やかな幕引きができるのは自分しかいない、と思って、みずから安徳を抱いて入水したのではあるまいか。

悲劇的に音を盛りあげていって、最後にフォルティシモでバーンと叩いて終るピアノ曲にも似たピリオドの打ち方だ。これはやはり一家心中の家庭悲劇ではない。一つの時代の終りを告げる歴史的事件である。

彼女は生き恥をさらしたくなかったのだ。政治的人間としての責任のとり方はこれでよいのかもしれない。ところが不覚ものの宗盛は、入水したものの死ぬのが恐くて泳いでいるうち、救いあげられてしまった。今次大戦の責任者である軍人首相がピストル自殺に失敗したのによく似ている。宗盛もこのお方も結局は死刑になってしまうのだから生き恥をさらしたというよりほかはない。

むしろ時子は彼らに比べるといさぎよい。その意地と執念を反映してか、彼女の遺体も宝剣も遂に探し出されることはなかった（神璽《しんじ》だけは奇蹟的に海に浮かんで拾いあげられた）。

じつは海に沈んだのは安徳の身替りで、ほんものの帝は、ひっそりと命長らえたという伝説もある。幼くして死んだ帝に対する同情がこうした伝説を生むのは当然だが、しかしもし事実だったら？　時子があまりお気の毒ではないか。夫に代って一族の最後のきまりをつけた肝っ玉母さんに敬意を表するためにも、彼女と安徳は、ともに海の底の都に眠らせてやりたい、と私は思うのだが。

体験的戦国経営学

京極お初

女にとって、あまりにも美人すぎる姉妹《きょうだい》がいるのは不幸だという説がある。そうかもしれない。

「へェ、あれで血のつながった姉妹なの。ちっとも似てないわねェ」

ことごとに比較されるのは、あまり気持のいいものではない。

また、姉妹の一人だけが玉の輿《こし》に乗るのも素直に喜べないことだろう。向うの亭主は億万長者なのに、こちらときたら二DK住いの安サラリーマンとあっては、ヒステリーも起したくなる。

が、こんなとき、妙にいじけたり、ふて寝して亭主に八つあたりする前に、まず、この女性のことを思いだしていただきたい。

彼女の姉は絶世の美人だったが、彼女自身には、それほどの言い伝えはない。しかも三人姉妹のうち二人までが、それぞれ時代のトップ・レディになり豪奢《ごうしゃ》な生活を送るが、彼女はまず中どころの藩主夫人。そして……

ああ！　いま彼女の名さえ覚えている人は少ない。では、

——ええ、どうせ私はイモよ。落ちこぼれよ。

とひがんでいたかというにさにあらず。むしろ姉妹の幸運を利用して、したたかに、がっちりと乱世を泳ぎぬいたのだ。

そのひとの名はお初《はつ》——。

といっても、たいていの方はご存じあるまい。が、彼女の姉はお茶々《ちゃちゃ》、つまり後の太閤秀吉《たいこうひでよし》夫人の淀《よど》どの。そして妹は後に徳川二代将軍秀忠《ひでただ》の正室となるおごう——と書けば、おや、まあと驚き、お茶々にそんな妹がいたのか、とびっくりされることだろう。

そうなのだ。彼女は姉や妹に比べて運がいいとはいえない。しかし、お初は、そんなことでひがんだりはしない。

——姉妹の幸運は私の幸運、この際利用して踊らにゃソンソン。

とばかり、血のつながりをフルに活用して嫁ぎ先の京極《きょうごく》家を安泰に導いた。適当にがめつく、適当に出しゃばりなのだが、どこか、からっとしていてたくましい。たし

かに名声とか権力を基準にしての判定なら姉や妹におくれをとろうが、さて人生のトータルではどうであろうか。

もちろん、このたくましさは、彼女の天性もさることながら、その生いたち、環境、教育のたまものである。といって、それがすべてすばらしかったというのではない。むしろ生いたちをふりかえってみれば、不幸そのものだった。なぜなら、彼女は、ものの心つくかつかないうちに、父を失い、家の破滅を経験してしまったのだから。

いうまでもなく、彼女の父親は浅井長政《あざいながまさ》、近江の東岸、小谷《おだに》城の若き城主であったが、戦国乱世のさなか、織田信長《おだのぶなが》に攻められて敗死した。この信長の妹が、長政の妻、お市《いち》だったのだから、宿命の悲劇というべきか。

今ならさしずめ、優良企業と思われていた会社が倒産、社長は自殺、というところである。しかもこの会社を倒したのは、いままで提携していた会社で、社長どうしは親友だった、という趣《おもむき》なのである。

最後の戦いの始まる前、お初たち三人娘は母に連れられて城を出て、信長の陣営に保護された。お初にすれば何もわからずに父の前に手をついて挨拶したのが、この世の別れだった。

つけ加えておくと、これは戦国大名間の一種のルールである。実家と婚家が合戦しなければならなくなった場合、非戦闘員である妻とその娘たちは実家に戻される。このときお市が城を出たのは、夫の長政がその美貌を愛するあまり、殺すに忍びずに行った特例のように考えられているが、戦国の例で見ると、城を出す方がルールであるらしい。守る側にすれば、

「妹がいれば攻める鉾先《ほこさき》も鈍るだろう。さあ、返すぞ、堂々とかかってこい」

という騎士道の宣言だし、攻める側としても、

「わかった。これでお前とは他人だからな。義理の兄だなどという遠慮は無用だぞ」

というところなのだろう。お互《たが》いカッコよさを見せるわけだが、少し小むずかしくいえば、ここに当時の女性の家との結びつきが示されている。すなわちこのころまでは、実家と女性は分ちがたく結びついており、その分だけ発言権も財産権も持っていた。つまり、

「私たちは実家のモノ。そして実家のモノは私たちのモノ」

とそのころの女たちは思っていたのだ。古代以来、娘の方が代々家つきで夫を迎えいれ、わが家の財産を管理していた習慣のなごりであろう。嫁入婚になって、少しずつ分け前は減っていたが、それでも実家に対する権利は保留していた。それだけに嫁入り先への同化の程度は浅かったことも考えに入れておいていい。

さて、こうしてお市は実家に戻り、娘たちとともに過すようになる。長政との間には男の子もいたのだが、これは木下藤吉郎《きのしたとうきちろう》の部下に捕えられ、信長の命令によって殺されてしまった。男の子は男親のモノ、女の子は女親のモノとみなす当時の社会通念からすれば当然のこととはいえ、幼いお初がこんなふうに血の洗礼をうけて育ったことは記憶にとどめておくべきであろう。

ところで、約十年後、今度は周知のように信長が都で明智光秀《あけちみつひで》の襲撃をうけて死んでしまう。お市の頼みとした会社は、またも倒産の憂目《うきめ》に遇《あ》うのである。

お市が信長の家臣である越前《えちぜん》の柴田勝家《しばたかついえ》に再嫁《さいか》するのはその後のことだ。が、勝家はまもなく羽柴《はしば》秀吉（木下藤吉郎はこう改名している）に攻められて敗北、そして自刃《じじん》。このとき、お市は女は助けられるという戦国のルールを拒否して、娘三人だけを城外に出して勝家と共に死んだ。

なにゆえに？

この問題は少し後廻しにして、お初自身を眺めてみよう。完全に孤児となってしまった彼女を……

二度の敗戦体験で、幼いながらも彼女は乱世のきびしさをいやというほど思いしらされたはずだ。が、それでネクラにならないところが、戦国世代のたくましさで、多

分、彼女は、
——敗けてはダメ。何とかして勝って生きぬかなきゃ。
と心に銘じたのではあるまいか。それを身をもって教えた優秀な教師が傍にいた。それこそ母親のお市である。

＊

お市は、では教育ママ、大ママゴンだったのか？　いや、そうではない。自分自身の生き方によって、戦国の女の生きる道を娘たちに知らせたのだ。長ずるに及んで、お初は、美しいお母さまが、敗れたりとはいえ、当時きっての凄腕の女性外交官だったことを知ったはずである。

女性外交官？

不審に思う方もおありかもしれないが、浅井家に嫁いだというそのことを、今日の見方で解釈すれば、そういうことになる。こういうケースを政略結婚と呼び、女は意思を無視され、いけにえとして捧げられたように考えるのは、誤解もはなはだしい。彼女たちは、美しい花束として、先方の御機嫌をとり結ぶために贈られるのではない。花束なら枯れてしまえばそれまでだが、彼女たちは生き身の人間である。生きたパイプとして、長く双方をつなぐ役目をはたすところにメリットがある。

それでも、彼女の意思を無視した結婚ではないか、という疑問をお持ちの方には、それがハイ・ソサエティの常識だったとお答えするよりほかはない。上流社会の娘にはもともと恋愛結婚という発想はないのである。平安朝の藤原氏の娘たち、清盛の娘の徳子、みな恋愛結婚などはしていない。むしろいわゆる「政略結婚」こそ、彼女たちのステイタス・シンボルなのであった。

しかも、古代の天皇のおきさきはただの飾りものではない。実家とのパイプ役であり、ときには絶大な政治力を発揮し、実家のために奮闘する。実家側はそうした力量に期待をよせて、娘たちを送りだすのである。こうした流れを汲《く》む存在として、お市の置かれた位置を見直すならば、彼女が、「哀れな政略結婚の犠牲者」などではなかったことがよくわかる。

彼女はむしろ喜んで浅井に嫁《とつ》いだと思う。なぜなら、織田にとって大事な提携先である浅井に嫁ぐということは、その力量を見込まれているからである。

「うまくやってくれよ。な、頼む」

ポンと信長に肩を叩かれ、

「まかしとき」

とばかり、胸を張って嫁いでいったことだろう。こういう役目は美しいだけではつとまらない。彼女は男にとって魅力的で、しかも気働きがあるような、女のエリート中のエリートでなくてはならない。

――この娘じゃつとまりそうもない。

というようなのは、他家にはやらない。一族とか家臣に押しつけてしまう。そう考えれば「政略結婚」という言葉が、当時、決して暗いイメージでうけとられていなかったことがわかると思う。

お市のさしあたっての任務は、浅井長政とむつまじく暮し、織田家の印象をよくすることである。が、それだけではない。両家の関係が悪化したときには、腕っこきのスパイに変身して、重大秘密を実家に通報する。彼女たちを女性外交官だというのは、このためなのである。

現在でも、外交官は平和時には親善外交に専心する。しかし、緊張関係にあるときは、彼らは表面にこやかな微笑をたたえながら、情報収集に余念がない。スパイ天国といわれる現在の日本だが、どこの国の場合でも、その総元締が大使館であることは、まずまちがいないだろう。

お市の任務は、まさに女性大使なのだ。しかも相手国のトップとの間にセックス関係を伴うだけ事は微妙である。といっても、これをただちに夫への裏切りとか、長政を愛していなかったからとか、さらに進んで、兄の信長を近親相姦的に愛していたのだ、などと思うのは的はずれである。

さきに、女たちが実家のモノであり、実家のモノは女たちのモノであったという大原則をあげておいたのも、じつはそのためで、嫁《か》しても、やはり女のココロは実家に傾いていたのだ。お市のように一国一城のあるじの妹ともなれば、織田という「くに」の共同統治者という意識は十分すぎるほど持っていたに違いない。

ちなみに、「嫁しては夫に従え」というのは、お市たちの時代が過ぎ、徳川時代になってからのモラルである。裏返せば、こと新たに口をすっぱくしてこういうことを言わなければならないほど、女たちには根強く実家との一体感が残っていたともいえるだろう。

このお市の女性大使としての活躍ぶりの実例を一つあげておく。

信長が越前《えちぜん》の朝倉攻めに向ったときのことだ。姻戚《いんせき》である浅井はその隣国でもあり、もちろん信長は出陣を報じ、協力を要請している。そして浅井側もこれに応じる意向をみせはしたものの、じつは浅井は昔から朝倉と親交があり、長政やその父久政《ひさまさ》は、信長を裏切って朝倉に呼応し、背後から信長を攻撃する計画をすすめた。

もちろんこうしたトップ・シークレットについては、長政もお市には洩らしはしない。

が、敏腕の女性大使、お市はこれに勘づくのだ。どういう手段でそれを知ったか、具体的にはわからないが、お市の周囲には織田からついてきた侍女や家来がいる。こうした連中も、もちろんスパイとしての任務を負わされてきているから、情報収集にはぬかりなかったのだろう。

が、下級スパイには、浅井勢出陣と知っても、信長を援助するためなのか、それとも信長を襲うためなのか、最終的判断はなかなかできない。それはトップと接触しているお市が最後に胸三寸できめることである。

お市はみごとにその判断を誤らなかった。

——浅井は朝倉方につく。

さて、そう知ってからが問題である。これをどう信長に通報するか。下手《へた》に密書は書けない。城内で浅井勢に取りまかれている以上、密使を出しても途中で摑《つか》まってしまうにきまっている。

電報も電話もないそのころ、兄の命は風前の灯だ！

では、お市は悲しみのあまり泣き伏したろうか？　そうではなかった。じつに絶妙な手を打つのだ。さりげない顔をして、

「兄に陣中見舞に小豆《あずき》でも送ろうと思います」

と言い、小豆を袋に入れて、両端をぎりぎりと縄でしばり、使に持たせてやるのだ。もちろん中には手紙ひとつ入っていない。このとき、おそらく彼女は、夫や舅《しゅうと》の前でそしらぬふりで小豆を詰めたことだろう。浅井側にすれば、これはもっけの幸いでもある。

――ははあ、お市はわが家の計画を知らぬと見えるな。けっこうけっこう。小豆が届けば、信長も多分気を許すだろう。

使に立ったのも、もちろんお市付の家来ではなく、浅井の人間だったろう。身辺を疑われないために、お市は当然それだけの配慮はしたに違いない。

かくて小豆の袋は無事信長の手許《てもと》に届けられた。そのお蔭で、信長は、朝倉と浅井の挟み打ちを逃れることができた――と書いても、腑《ふ》におちない方もあるかもしれない。

謎解きをすると、小豆の袋にわけ
があったのだ。両端をぎりぎりとしばったところに、お市は切なる思いを賭けたのだ。

——お兄さま、いまあなたは袋の小豆。浅井と朝倉の挟み打ちにあって逃げられなくなりますよ！

それと知った信長の勘のよさもみごとである。勝ち戦《いく》さだったのに、

「全員退却！」

自分も身一つで琵琶《びわ》湖の西岸をひた走りに走って都へ逃げかえる。このときが桶狭《おけはざ》間《ま》と本能寺と並ぶ信長の三大危機の一つだったのだが、妹の機転で彼は危うく死をまぬがれるのである。

しかも、お市は、このとき、兄に内通した証拠はどこにも残していない。あとで問いつめられても、とぼけた顔をして、

「あら、私何も知りませんでしたわ。ただ、ちょっと小豆を送っただけ」

と言い逃れができるだけの用意はしてある。そうしておけば、もし両家の間に和平が成りたったとき（実際には実現しなかったが）、誰をも傷つけず、また自分も気まずい思いをしなくてもすむのである。

情報収集能力といい、情勢判断の的確さといい、打つ手のみごとさといい、まず第一級の外交官である。戦争中、日本軍の暗号はアメリカ側に解読されてしまって、情報は筒抜けだったという。山本連合艦隊司令長官の乗った飛行機が撃墜されたのもそ

のためとか、日本軍には、お市のように総大将を救える情報通は一人もいなかったのだ。

＊

お初がこの話を直接母から聞いたかどうかはわからない。が、お市のこの活躍ぶりは、織田の敵である朝倉側の史料に残っているくらいだから、たとえ母から聞かなくても、年頃のお初の耳に入らないわけはなかったろう。

「子供は男親の背中を見て育つ」

とかいう言葉がはやりだが、子供が見ているのは何も男親の背中だけではないのである。

——お母さまって、すっごいひと！

さらに信長の死後、より壮絶な母の生き方を、お初はこの眼で見届けることになる。

信長の死後、お市が柴田勝家に再嫁したことはすでに書いたとおりだが、このときお初たちは母に従って越前の北《きた》ノ庄《しょう》の勝家の城に行く。が、まもなく秀吉に攻められ、母は新しい夫とともに落城の炎の中に消えていった。

夫に殉《じゆん》じた薄倖の美女の最期と世に伝えられるそれが、決して甘っちょろいものでないことを、多分お初は知っていたに違いない。お母さまは、ただおとなしく義父の敗北につきあったのではないのである。死はお母さまの誇り高き選択だったのだ。

信長の死後、お市は倒れかけた家の大黒柱の役目をつとめざるを得なくなった。このとき後に残った信長の息子の信雄《のぶかつ》、信孝《のぶたか》はどちらも父に比べて遥かに力量は劣っていたが、ともかくどちらかを跡目に据《す》えねばならない。このときすでに明智光秀を討った秀吉が、天下を取るのは自分だ、といわぬばかりの顔をしていたからだ。

――そうはさせじ。

いわば織田家の女重役であるお市は、敢然と立つ。信雄よりはまだ信孝がまし、と肚《はら》をきめ、守役《もりやく》として幼時から信孝に仕えていた柴田勝家を味方にひきつける。そのためにお市は体を張ったのである。つまり勝家を楯《たて》に、秀吉と戦う作戦を樹《た》てたのだ。が、結果は裏目に出た。それゆえに、お市は賭けの責任をとったのだ。女は助けられるというルールからあえて眼をそむけたのはそのためだ、とお初は勘づいたはずである。

いや、お初だけではない。もっと衝撃をうけたのは姉のお茶々だったかもしれない。後にお市の敵だった秀吉とふしぎな宿命で結ばれた彼女は、わが子秀頼《ひでより》とともに大坂《おおさか》城の炎の中に命を終えるが、何と母親そっくりの道を選んだことか……

しかし、お初は母の死から全く別の教訓を引きだしたようだ。あるいは北ノ庄の落城の印象があまりにも強烈すぎたのか。

——お偉いお母さまだけど、あんな最期はまっぴら。

と心にきめたのかもしれない。次女タイプ、どこかケロリとしている。その分だけ悲劇のヒロインにはなれなかったが、これも戦国乱世型の一種のたくましさである。

＊

母の死後、三人姉妹は結局秀吉の庇護《ひご》の下におかれるようになる。その中で最初に結婚するのは、何と一番下のおごうだった。

——あの子、大した美人でもないのに。

内心お初はおもしろくなかったのではあるまいか。おごうの相手は、亡き母の姉——つまり伯母が佐治《さじ》という尾張の小身の大名の家に嫁いでもうけた息子の与九郎《よくろう》、すでに与九郎の父は死に、伯母も佐治家を出て再嫁した後、世を去っている。おごうと与九郎はいとこどうしの結婚である。

それからまもなく、今度はお初の前にも結婚相手が現われた。父長政の姉が京極家に嫁いでもうけた高次《たかつぐ》という青年武将だった。京極家は、鎌倉時代以来の近江の名門で、その意味では、お初の相手はおごうの夫よりもずっと毛ナミはいい。が、この高次、人間が少しおっちょこちょいで、その割に野心がありすぎた。当時昔の面影を失っていた京極家の復興をめざして、大ばくちをやらかす。例の明智光秀の叛乱に同調し、当時近江をあずかっていた秀吉の居城（長浜）を攻めるのだが、その内に光秀は殺され、形勢は逆転、命からがらお初のいる北ノ庄へ逃げこんだというきさつがある。多分二人が親しくなったのはこのときだったかもしれない。

当然捕えられて打首になるところを、幸運にも高次が助かったのは、彼の実の姉の美貌が秀吉の目にとまり、その側室に迎えられたからである。そのかわり所領は近江の中でたったの二千五百石。佐治与九郎の方はそれでも尾張の中の五万石だったから、まさに二十分の一の安月給取りでしかなかった。

それでも、お初はひがんだ様子はない。

——さあ、ゼロからの出発。

高次と手を組んで京極家再建に奮闘する。何しろ、自分のモノであったはずの浅井家はとっくに滅びているし、お母さまの実家も崩壊してしまった。とすれば彼女が経営の腕を発揮するのは京極家しかないではないか。

幸い、このころ姉のお茶々は秀吉の寵愛《ちようあい》をうけるようになった。要領のいいお初はここを手がかりに、夫の昇進、加増を頼みこむ。一方、秀吉の身辺には、高次の姉も松《まつ》の丸《まる》どのと呼ばれて密着している。お茶々、すなわち淀どのと松の丸どのはまさにライバルどうしで、時にはすさまじい火花の散らしあいもしたようだが、お初はこの松の丸どのにも適当にゴマをすったのだろう。高次はかくて一万石から二万八千石へと加増を重ね、ついには六万石の大津《おおつ》城主となり、官職も従三位参議にまで昇進し、お初自身にも別に二千四百石が与えられた。

が、秀吉が死ぬと、情勢は変ってくる。ワンマン社長の腰巾着《こしぎんちやく》よろしく出世してきた高次に翳《かげ》りのきざしが見えはじめたとき、大胆な方向転換の楫《かじ》とりをやってのけたのはほかならぬお初であった。

何と幸いなことに、さきに佐治与九郎に嫁いだ妹のおごうが、運命を二転三転させた後、家康の息子の秀忠夫人におさまっていたのだ。

——これこれ、これを利用しなくちゃ。

思いきりおごうに身をすりよせてみた効果はてきめん、その舅殿で秀吉なきあとの実力者、徳川家康が上洛《じようらく》の途中、大津城に立寄ってくれたのだ。

「ははあ、天下の名城も、かなり痛んでおられるようで」

気の毒げにこう言った。そこでどんなやりとりがあったかはわからないが、ともかく家康はこのとき、城の修理代にと白銀三十枚をおいていった。古来権力者にゴマをするときは、政治献金をするのが常識なのに、お初たちは、逆に権力者からの献金をうけとってしまったのだ。しかもこの白銀は、単に三十枚のお値打のしろものではない。徳川からみれば京極六万石を買いとったようなものだが、京極にすれば沈みゆく泥舟、豊臣丸をぬけだすチャンスを得たのである。

やがて関ヶ原の戦いの前夜、関東に帰る家康は、またも大津城へ立寄った。お初は一族とともに歓待し、

「拝領の白銀でこのように修理もできまして」

とぬかりなく礼をのべ、

「どうぞ、万一の折にはこの城をお使いくださって……」

とささやいた。

「うむ、ついては……」

家康も膝を乗りだし、密談があった、と史料は伝えている。その内容は？　いうにも及ぶまい。やがて起った関ヶ原の戦いに、高次は敢然徳川方につき、関ヶ原に向お

うとする大坂勢をくいとめるべく戦うのだ。

秀吉亡きあと、忘れ形見の秀頼を抱えた淀どのは、多分地団太踏んでくやしがったことだろう。

「私がおねだりして高次を六万石の大名にまでしてやったのに。その上お初にも二千四百石もくれてやったのに！」

が、お初はそんな声を聞こうともしなかったに違いない。戦国乱世を生きぬいてきた彼女には、本能的に時の流れを嗅ぎわける力があったらしい。そして、理屈ぬきに勝利者側に身を寄せたがるのも、これまた本能のようなものであったらしい。

ところで高次だが、残念なことに大津の城を守りぬけなかった。明智の謀叛《むほん》の折といい、今度といい、彼はお世辞にも戦さ上手とはいいかねた。ついにこらえ切れず、城を明けわたし、頭を剃《そ》って高野山に隠退《いんたい》する。関ヶ原での徳川方の勝利の直前のことである。

さすがに不手際《ふてぎわ》を恥じて、そのまま引っこみ、家康の呼びだしにも応じなかったが、そこはそつのない家康のこと、

「わが軍の勝利はそなたが籠城《ろうじょう》し、敵をくいとめてくれたおかげ」

手をとらんばかりにして、ついに彼を社会復帰させてしまった。新たに与えられた

のは若狭《わかさ》一国、八万五千石！　負け太りとはこのことであろう（後にさらに加増されて九万二千石余）。

これにはもちろんお初とおごうのつながりが大いにものを言っている。

＊

さらにお初の活躍は続く。関ヶ原の戦いの後、親善回復の意味をこめて行われたのが淀どのの息子秀頼と、おごうが秀忠との間にもうけた千姫《せんひめ》の結婚である。それこそ絵に描いたような政略結婚だが、このとき、おごうは懐妊中だったにもかかわらず、千姫につきそってわざわざ江戸から上洛してきた。

では姉と妹の間に行われた華麗な政略結婚を、お初は指をくわえて見ていたかというと決してそうではない。伏見《ふしみ》城に滞在中におごうが女の子を出産すると、

「まあ、かわいい、ぜひ私に育てさせて」

と貰いうけてしまった。育てて息子の忠高《ただたか》とめあわせるのだという。息子といっても、忠高はじつは側室の子で、お初は子供を産んでいない。夫が死んで浮きあがってしまわないように、彼女はあざやかな手を打ったのだ。このとき家康はすでに征夷《せいい》大

将軍の宣下《せんげ》をうけている。将軍さまの孫娘を迎えて京極家はいよいよ安泰になるだろう。なおこの女児は、お初の名をそのまま、「お初」と名づけられて、後に忠高夫人となっている。

さて、こう書いても、まだお初の力量に疑いを持つ向きもあるかもしれない。

——ほんとの策士は夫の高次で、お初は操《あやつ》り人形だったのじゃないか。

が、彼女がよりスケールの大きい活躍をするのは、夫に死別れて常高院《じょうこういん》と呼ばれるようになってからなのだ。そのクライマックスは徳川方と豊臣方が最後の決戦を交えた大坂冬の陣、夏の陣——。周知のように冬の陣は、豊臣方が大坂城の外濠《そとぼり》を埋めることで和平が成立するのだが、これはどう考えても豊臣方に不利な条件である。むざむざ今度は負かしてくださいと首をさしのべているようなものではないか。実質的な総指揮官である淀どのが何でこんなおろかな条件を呑んでしまったのか？

今考えても首をかしげたくなるが、何とこの条件を持ちだし、まんまと淀どのを承諾させてしまったのは、常高院、お初なのだ。

戦いの最中彼女は徳川方の使として城に乗りこんでいる。話しあいを続けている間も、徳川方の大砲が城中に撃ちこまれ、淀どのもお初も危うく気絶するような一幕もあったらしい。

お初にしてみても生命がけの説得なのだ。

両軍の永久平和のためにとか、お姉さまのためを思ってとか、砲煙の中で、お初の舌はなめらかに動く。ふと弱気になった淀どのが、つい妹の甘い言葉に乗ってしまったのか。もし、これが徳川方の武将からの申し入れだったら、あるいは淀どのも、その気になれなかったのではないか。

いわば、女なるが故に——。

お初は大坂城の外濠を埋めさせてしまったのだ。その意味で彼女はまさにこの時点では歴史を動かした女性だったのである。

が、このときの和平は、結局、徳川方のゼスチュアにすぎなかった。濠を埋めてしまうと、またもや戦闘開始。これが夏の陣である。淀どのは、まんまとお初の口車に乗せられたことをさとって歯がみをしたことだろう。

考えてみれば、お初がおごうの娘を養女にしている以上、姉への親切心など、みじんもなかったのかもしれない。むしろ終生頭のあがらなかった姉への復讐戦《ふくしゆうせん》でもあったのか。ともあれ、お初の外交的手腕には舌を巻くよりほかはない。

ところで、夏の陣の落城寸前、お初はまたもやのこのこと大坂城に出かけている。徳川方の使者として、淀どのに最後の説得を試み、退城させるために、である。冬の陣であざやかな手腕をみせた彼女は、ここでもう一働きして女をあげようと思ったのかもしれないが、今度は淀どのが断った。その結果、淀どのと秀頼は落城とともに死ぬのであるが、お初に向って、最後に、

「もう、あんたの顔なんか見たくもない！」

と淀どのが言ったかどうか、徳川対豊臣の戦いにからんで、すさまじい姉妹の戦いがあったはずだが、残念ながら記録がない。もし彼女が現代に生きていて、こんな体験をしたら、

「私の見た淀どののすべて」

とか何とか、ノンフィクション（それもでっちあげをかなり取り入れた）をものして、一躍ベストセラー作家になるところであるが。

もっとも、このとき大坂城で淀どのに仕《つか》えていた侍女の物語が残っていて、そこにお初が登場する。きくという女の語るところはこうである。

「要光院《えうくわうゐん》殿さふらひにおはれたまひ、あとより御あしをおさへておのき候」

武士に背負われ、足を支えられて退城した要光院は、常高院の聞き違いで、京極忠高の母で淀どののきょうだいだと注がついているからお初にまちがいない。その後お初は徳川方の迎えの輿《こし》に乗ったらしい。まさに戦火をくぐっての調停工作、レバノン

へ出向く国連高官の趣である。

こうしてお初たち三人姉妹は三人三様の道を辿《たど》った。非業の死を遂げた淀どの、秀忠夫人におさまるまで二度の離婚を経験したおごうに比べれば、お初の生涯は一見平凡にみえるが、立場と能力をしたたかに生かして、京極家を安定経営の軌道に乗せた手腕はみごとである。

(なお、きくの話は「おきく物語」として、『日本庶民生活史料集成』第八巻に収められている)

優雅なる殺生石

東福門院和子

近ごろは、女帝や女王が大はやりである。短距離の女王やゴルフの女王ならいうことはないが、

「ナントカ会の女王」

やら、

「カントカデパートの女帝」

にはちょっとうんざりさせられる。しかも一皮剝《む》けば、女王も女帝もたちまちフツーのオバンになってしまうが、ここでとりあげるのは、そんな女性のお話ではない。文字どおり女帝の母君、正真正銘の女帝をこの世に送りだした産みの母の物語なのである。

ところで、その前にクイズを一つ。

「日本に女帝がいたのは何時代でしょう?」

「奈良時代、ええと、その前にも推古とか、持統とかいう人がいたっけ」

と答えられれば、まあ、かなりの歴史好きだが、しかしこれでは正解ではない。

「え? 平安朝にもいたかしら」

「ノウ」

「鎌倉時代」

「ノウ」

「ならもういないはずだわ」

ところがいるのですぞ。何と徳川時代に!

何ごとも男優先、男尊女卑もいいところ、その後遺症で現代にもなかなか平等がかちとれないという、いわば女にとっては恨みかさなるこの時代に、二人もおいでなのだ。明正《めいしょう》、後桜町《ごさくらまち》の二帝がそれである。

もちろん、男女同権のシンボルとしての存在ではない。苦肉の策の即位といっていいだろう。従って、天皇としての影は薄いが、奈良時代以来、八百五十余年絶えてなかった女帝が出現したについては、深い深いワケがあるのだ。中でも明正の即位の鍵を握ったのは女帝自身よりも、むしろその母である。では八百数十年めに、日本にクイーンを出現させたのは、どういう女性だったか？

このクイーン・メーカーは和子《かずこ》、もちろん天皇のおきさきである。ただし、そのころ多かった公家の娘ではない。二代将軍徳川秀忠の娘で母はその正室おごう――つまり淀どのの妹である。おごうの父は浅井長政、母は美貌の誉《ほまれ》高いお市、浅井長政がお市の兄の信長と戦って敗れ、お市が三人の娘をひき連れて信長の許《もと》に戻ったのは有名な話だが、その末娘のおごうが後に秀忠の妻になった。このときおごうは三度めの結婚（そのいきさつについては『歴史をさわがせた女たち　日本篇』にすでに書いている）、秀忠は初婚。しかも、おごうが六つも年上、という珍妙な組合せだった。

が、二人の仲はかなりうまくいったらしく、おごうはたくさんの息子、娘を産む。その末娘がこの和子である。こうした武門の娘が天皇のおきさきになるというのも、絶えてなかったことだ。考えてみれば、平安朝の末に平清盛の娘の徳子が天皇のおきさきになって以来のことで、まさに四百五十年ぶりのできごとであった。

彼女の夫となった天皇は後水尾《ごみずのお》、そしてその娘興子《おきこ》が即位し、彼女が女帝の母となるのは、まさしく奈良時代の光明皇后以来八百八十年ぶり……、まったく異例、異例の連続だ。

では彼女は異例の幸運を背負った女性なのか、といえば、そうとも言えない。ある意味では、異例の不運を背負い、そのゆえに女帝の母にならざるを得なかったのだから……

＊

天皇のきさきになる、ということは栄光そのもの、と見えるけれども、この縁談、最初からあまりついていなかった。

彼女と後水尾との縁談は、彼女が生れた翌年ごろからはじまった。もちろん相手の後水尾も即位せず、政仁《ことひと》親王と呼ばれていたころだ。

「今度お生れの江戸の姫君を政仁さまのおきさきに……」

そんな噂《うわさ》がちらほら流れていた。まだヨチヨチ歩きもできない赤ん坊の縁談なんて――と笑いだされるかもしれないが、これは異例なことではない。こういう有力者の子になると、このくらいの年頃に、すでに縁談が起るのはふしぎなことではなかったのだ。和子より十歳年上の姉のお千も、ネンネのときから豊臣秀吉の息子、秀頼と結婚の約束が交わされており、数え年七つで大坂城入りをしている。

和子の祖父は徳川家康、すでに関ヶ原合戦で勝利を得て、天下一の権力者である。

その孫娘であってみれば、生れたときから注目を浴びるのもむりはない。家康も、「やや、和子が天皇のおきさきか？　悪くないのう。信長も秀吉もやれなかったことを、俺はやれるわけだ、ウ、シ、シシ」

大満足であったろう。武士の家の娘がおきさきになるのは清盛の娘以来のことで、源頼朝もそれを狙ったが、娘が死んでしまったので実現できなかった。日ごろ頼朝を尊敬していた家康は、

――これだけは、頼朝公より俺が上じゃ。

とほくそ笑んだに違いない。

さて、和子が八歳になったとき、いよいよ公式の使が家康の許へやってきた。和子の生れる前に、すでに家康は将軍職を秀忠に譲り、駿府《すんぷ》に隠退していたが、朝廷からの勅使の広橋兼勝《ひろはしかねかつ》たちが来て、ここで和子の入内は本決りになった。十一歳年上の政仁はすでに数年前即位している。

これは正式の婚約発表というところで、その二年くらい前から、徳川家では和子の嫁入り支度を調えはじめている。その当日に乗る牛車《ぎっしゃ》や、衣装などの準備であるが、何しろ武家からの入内は数百年来のことだから、念には念を入れたのであろう。

さて、和子の入内がきまったそのとき、勅使は家康に、

「清盛公なみに太政大臣におなりになったら？」

とすすめたが、

「いや、それには及びません」

と家康は断った。勅使はさらに江戸城にゆき、秀忠を右大臣にする旨の辞令を伝えた。一行は江戸で大歓迎をうけ、帰途また駿府に立寄って、能《のう》を見物したりして都へ戻った。

「やれやれめでたい」

公家も武家も御慶祝ムードで浮かれている感じである。

ところが、それから数カ月後、大坂の陣が始まる。和子の入内がきまったことなどで、豊臣方が危機感をいだいたのかもしれない。また家康にしても、

——かわいい孫娘がおきさきになる前に、何とかしておかなくちゃな。

と思ったのではないだろうか。このときは、家康側がむりやり口実をでっちあげての挑発だった。こうして始まった大坂冬の陣はいったん休戦、翌年再び起った夏の陣で豊臣方は壊滅、家康は、

——これで安心。孫娘を入内させる準備は完了した。

と思ったことだろうが、何とその翌年、あっけなく死んでしまう。

さて、こうなると、和子はオジイチャマの喪《も》に服さねばならない。結婚は当然延期である。そうしているうちに、今度はその翌年、後水尾の父、後陽成院《ごようぜいいん》がなくなる。しぜん後水尾は服喪、結婚はまたもや延期である。

どうもこのあたりから、和子のツキのなさが目立ってくる感じだ。さて、いよいよ喪が明ければ元和《げんな》四（一六一八）年、和子も数え年十二歳。おヨメに行ける年頃になってきた。

——それではいよいよ始動開始……

いそいそとしたのは公家たちである。和子入内となれば、嫁入り支度はたいへんなものだ。とりわけ武家方からの嫁入りだから、万事公家風にするためには、指南役が必要である。

「お袴《はかま》はこんなふうに」

「お袿《うちき》はこういう模様と色で」

いわゆる公家方のノウハウを知っている連中がしゃしゃり出てくる。和子だけではない。それについてくる女房連も上から下まで公家ふうに模様替え。こうなれば、故《こ》実家《じっか》といわれている公家方のノウハウの持主は、

「ウハ、ウハ」

である。京都の織手たちも時ならぬ御注文の洪水に眼の色を輝かせた。

が、そのころ、江戸では、和子の父秀忠の態度が少しおかしくなった。婚礼の支度の話をしてもいい顔をしなくなるのである。

はて……

＊

そのうち、秀忠がおもしろくない顔付をしている理由がわかってきた。そして、それを知ったとき、公家たちは、

──なあんだ、そんなこと。

多分にやりとしたことだろう。秀忠の不機嫌は、ほんのちょっとした事件からだった。

ちょっとした事件？

まさに公家たちにとっては、それ以外の何ものでもなかった。そのころ、後水尾付きの宮廷の女房が、彼の種をみごもり、男の子を産んだのである。

「そりゃ主上だってお年がお年だもの。お独《ひと》り寝《ね》が続くわけがないじゃないか」

父の喪中といっても、咎《とが》めだてするほど不謹慎なことではなかった。むしろ彼らは、そんなことを問題にしている秀忠の常識を疑ったのではないか。

「秀忠どのは、いやにカタブツだな」

たしかに父の家康と違って、ほとんど浮いた噂もない人間なのだが、しかし公家たちも、彼が本気でそのことを怒っているとは思っていなかった。なぜなら、和子入内に備えて、宮中には新しい殿舎が作られつつあったからである。

が、そのうち年が明けて元和五（一六一九）年となった。和子の縁談は相変らず、進むような進まないような状態を続けている。この年、秀忠は久しぶりに上洛《じょうらく》し、天皇や公家たちに銀子《ぎんす》をばらまいたが、しかし縁談の方は進展をみせない。

――いったい秀忠は何のために上洛したのか？　和子の入内の日時をきめるためじゃなかったのか？

公家たちがざわめき始めたころ、驚くべき情報が都を走りぬける。

「江戸姫君さまの御装束の調製中止」

えっ、何だって、と故実家は眼をこする。

織手たちは、真《ま》っ蒼《さお》になる。

「じゃ、代金の方はどうなるのだ」

が、やがて、お金の方は心配ないとわかって胸をなでおろすが、それと同時に事件の真相があきらかになった。秀忠が、

「この話やめにしよう」

と開き直ったのだ。その理由はただ一つ、花婿たるべき後水尾の不行跡によるものだ。秀忠は言う。

「去年、宮廷付きの女房が皇子を出産したときいたが、またもその女房が皇女を出産したという。それも自分の上洛中に、だ。これは何たること。天皇には一向に反省の色がない。そんなところに娘はやれぬ」

公家たちは仰天《ぎょうてん》する。

「えっ、えっ。じゃこの間からの噂は、冗談じゃなかったというわけか」

引続いて二人の子を産んだのは、およつという名の女房で、四辻《よつつじ》家の出身である。

こうなってから、天皇の身辺は慌てだす。

何しろ入内を臣下の方から断るなどとは、前代未聞だ。天皇の面目は丸つぶれではないか。

——それは困る。そこを何とか……

懇願するが、秀忠はいっこうにとりあわない。後水尾も困りはてて、こんな手紙を

書いている。

「今年の入内は延期とか。これはさだめし自分の不行跡が秀忠の気に入らなかったからだろう。これは面目《めんぼく》にもかかわることだ。自分には何人も弟がいるから、その中の一人に即位させるがいい。自分は出家してしまうから」

あて先は藤堂高虎《とうどうたかとら》。当時、朝廷と幕府の間に立って調停にあたっていた大名である。自分は出家するぞ、勝手にしろ、というのは嫌がらせであるが、全体の文面は自分の不行跡を認めており、さらにこの後に、もし藤堂高虎がうまく調停してくれるなら「生々世々忘るまじき」ことだと書いてあり、かなり下手《したて》に出て頼みこんでいる。

それでも後水尾自身は、

――たかが女の一人や二人。

と、腹にすえかねるものがあったかもしれない。今と違って、そのころは、天皇にも大名にも側室は何人もいたのだから……。

しかし、秀忠自身は当時としては珍しいくらい「身辺ゴ清潔」な男である。だからこそ言えるセリフで、もし家康が言ったら、

「そういうお前は何だ！」

いっぺんにしっぺ返しを食ってしまうところである。じつはこの秀忠の「身辺ゴ清

潔」には多少問題がある。彼も人の子、正妻ならぬ女性に子を産ませた事実も二度まではたしかめられる。しかし、彼は家康と違って、この事実をあくまで内密にしつづけた。つまり相手の女性を側室として公表せず、表面はおごうだけを妻とする一夫一婦制を守り通す形をとったのだ。このうち二人めの男児は後の保科正之《ほしなまさゆき》でのちに会津《あいづ》藩主になる人物だが、秀忠はおごうの生前は遂に彼とは対面しなかった。これについては私はかなり深いヨミを含んでの政治的「ゴ清潔」だったのではないか、と思っている。つまり徳川の政治理念である儒教精神を将軍みずから実行しているところを見せたかったのだ。世評の高くない秀忠だが、私は彼くらい政治の好きな人間はいなかったのではないか、と思っている。政治のためには自分の性欲ぐらい簡単にコントロールできるフシギな人物なのだ。そのお行儀のよさを彼はしたたかに政治に利用する。こんなときに凄《すご》みをきかせるために、道徳のお手本みたいな顔をしていたのではないだろうか。

ところで、人間の中には悪気はないけれども、そこにいるだけで何となく皆を困らせてしまう人がいるものだ。もし和子が生れていなかったら、はじめから、朝廷と幕府の結婚などは成立たなかったわけだから、その意味では和子は、生れながらの「問題の女性」でもあった。もっとも当時の彼女は、十三歳の少女だから、

——そんなこと私の知ったことじゃないわ。

というかもしれないが。

さて、将軍秀忠がここまではっきり意向を表明してしまった以上、ことは内々ではすまされなくなる。幕府側と朝廷側で協議を重ねた結果、秀忠の要求で、公家の処罰が決定する。後水尾個人の女性問題で側近が責任をとるというのは、今から考えると奇妙な話だが、つまりこれは、宮廷の風紀が乱れているからこうなったのだ、という形で解決したのだ。家康の在世当時、すでに「禁中並公家諸法度《きんちゅうならびにくげしょはっと》」という法令が作られており、その法令による処分で、重罪の数人は流罪、軽い者は出仕を止められた。もちろん、およつの実家の四辻季継《すえつぐ》も流罪になった一人である。

こうして公家を処罰して秀忠の顔を立てる代り、和子の入内は予定通り、というのがそのときの政治的解決であったが、してみれば、やはり公家側は一本取られたことになる。後水尾側にとっては、和子は入内もしないうちに問題を起したとんだ貧乏神だが、秀忠にとっては、なかなかの親孝行娘でもあった。自分自身何をしたわけでもないのに、まわりをやきもきさせる、というのが、彼女のもって生れた宿命の星だったのか。ともかく一件落着、翌年、和子はいよいよ江戸を発つ。

＊

ともかく前代未聞の豪奢《ごうしゃ》な輿入《こしい》れだった。先ごろ話題になった英国のチャールズ皇太子とダイアナ妃の結婚式どころの騒ぎではない。さしずめ、マリー・アントアネットのルイ王家へのお輿入れというところであろうか。

元和六（一六二〇）年五月八日、和子は江戸を発つ。京都に着いたのが二十八日。二条城に入るときは大勢の見物人が出たという。六月二日、和子に従三位《じゅさんみ》が授けられる。これは平安朝以来のしきたりである。早速入内の日を八日ときめたが、生れて初めての長旅の疲れが出て体調を崩し、十八日に延期された。ぎりぎりまで気を揉《も》ませるオ姫サマである。

いよいよ十八日、あいにく雨が降ったが、その行列は楽を奏し、関白以下の公家、武家がそれに従うという、これまで見たことのない大行列は、しずしずと内裏へ向った。幸い「東福門院《とうふくもんいん》入内図屏風《びょうぶ》」というのが残っていて、行列の様子を伝えてくれる。東福門院というのは和子が後に貰《もら》う門院号である。秀忠は、諸大名に、「進物は無用」

と言ったそうだが、長櫃《ながびつ》百六十棹《さお》、屛風三十双《そう》、呉服唐櫃《からびつ》十荷その他二十種類くらいの荷物が並んでいる。このほか天皇に献上する装束類もたくさんある。さらに、この日の行列に従う者は、全部新調の衣装を身につけたというから、その費用まで含めると、計七十万両。まさに腰をぬかしそうな数字だ。今ならさしずめ、十億単位というところか。

京の人々は、

「ひゃあ、徳川さまの御威勢は大したもんだ」

と度肝《どぎも》をぬかれたに違いない。演出効果は十分だ。ここでも和子はみずからは何もしたわけでもない。二頭の牛に牽《ひ》かれた紫の糸毛《いとげ》の車の中にちんまり坐っているだけで、十分の親孝行を果したというわけだ。もちろん手土産代りに、銀子やら衣類を宮廷にばらまいたから、公家も女房たちも、笑いがとまらなかったようだが。

もっとも、その中で、あまり機嫌のよくない人物が一人いたはずだ。和子の夫になるべき後水尾そのひとである。

いったんは秀忠の要求を入れて廷臣たちを処罰したものの、何とも胸のうちがおさまらない。そこで和子の入内が本決りになったときに、

「入内に先立って、彼らの罪を許すように」

と幕府に申し入れたが、いいかげんにあしらわれてしまった。結局和子の入内後に赦免《しやめん》は実現するのだが、後水尾としては、割りきれない思いで花嫁を迎えたことだろう。

＊

さて、政略結婚というものは、輿入れで「万事終了」ではない。むしろこれからが本番である。夫婦の仲睦まじく和平の実《じつ》をあげることも大切だが、もう一つ、後継を産んで両者の結びつきを深める必要がある。

が、何といっても和子はまだ少女。入内してすぐの懐妊は望めそうもなかったが、女御《にようご》から中宮《ちゆうぐう》へと進むうち、それでもみごもって元和九（一六二三）年に出産を迎える。

しかし、生れたのは、ああ、何と女の子だった。じつはこの皇女こそ興子《おきこ》であり、のちの明正女帝になる人なのだが、そんな未来を予想もしなかった秀忠は、少なからずがっかりしたらしい。

その後、和子はまたみごもって、今度は無事に男児を産む。高仁《たかひと》親王である。それからまもなく、幕府と朝廷の間の雲行きが少しおかしくなる。マジメ人間秀忠——すでに息子の家光《いえみつ》に将軍職を譲り、「大御所」と呼ばれるようになっていた——が、朝廷の僧侶統制が手ぬるい、と文句をつけたのである。

そのころ、禅宗の大寺院の住持になるとき、あるいは浄土宗の僧侶が上人《しょうにん》の称号を得るときは、朝廷に願い出て勅許を得ることが必要だった。これは徳川以前から続くしきたりで、勅許を得た僧侶は紫の衣を着ることが許された。ところが、家康時代、これにも幕府の統制の手がのび、寺社に対する法度が作られ、勅許をうける前に必ず幕府の承認が必要だということになってしまった。しかも資格審査には、禅僧には三十年の参禅修行、浄土宗の僧侶には二十年以上の修行といった厳しい条件がつけられた。

が、この条件は厳しすぎるので、現実にはそれに満たないものでも勅許を得る場合が多かったのだが、幕府は、このとき、

「これは家康の法度をないがしろにするものだ」

と、言いだし、元和《げんな》以降の許可はすべて無効という強い姿勢を打出した。つまり後水尾の勅許を、あっさり否定してしまったのだ。当然僧侶の中からは反論が出る。その代表は有名な沢庵禅師《たくあんぜんじ》で彼はすでに紫の衣を許されていたのだが、幕府はその反論

を認めず、紫の衣を剝奪して出羽《でわ》に流し、同調者も同じく配流《はいる》の罪に処した。

ではなぜ、幕府はまた後水尾をないがしろにするようなことをやってのけたのか。

たちまちピンときた方は、かなりの政治家である。

ポイントは高仁親王だ。この皇子の出現をよいことに、幕府はわざと後水尾を挑発し、怒って「退位する」とわめきだすのを待ちうけたのである。

ところが、ことはなかなか思うようには運ばないものである。幕府の希望の星、高仁親王は、何と二年足らずで病死してしまったのだ。

後水尾は逆転攻勢に出る。

「さあ、退位するぞ、どうだ、どうだ」

幕府は慌てふためき、

「まあ、ちょっとお待ちください」

となだめに廻る。後水尾は皮肉たっぷりに、

「興子がいる。あの娘を即位させればいいじゃないか」

と申入れる。秀忠も家光も、これには頭をかかえてしまったらしい。奈良朝以後絶えて久しい女帝の即位には、この時点ではまだ踏みきれなかったのだ。

「まあ、とにかく、ここはお待ちを」

しきりに揉《も》み手をしたのにはわけがあった。和子がまたもやみごもっていたのである。

――今度生れるのが皇子だったら、そのときこそ！

父も兄も固唾《かたず》を呑《の》んで出産を待つ。一方の後水尾とすれば、どうでも女児を産ませて彼らをがっかりさせたいところである。

果して生れるのは男か女か？

またしても和子は、衆目を集める存在になった。そして寛永五（一六二八）年九月、めでたく産声をあげたのは？

男児であった。

――しめたぞ！

幕府側は躍りあがって喜ぶが、それもつかのま、哀れな赤ン坊は一週間ほどで死んでしまった。形勢はたちまち逆転、後水尾は、わが子の死に、多分にんまりしたことだろう。全くこの数カ月、両者は和子と胎内の小さな生命にふりまわされ続けたのであった。

後水尾は勢いづいて、いよいよ譲位の準備にとりかかる。幕府はまだ興子の即位には踏みきれない。このとき、家光の乳母《めのと》であるお福《ふく》がはるばる江戸からやってきて拝《はい》謁《えつ》を願い出た。天皇が園遊会に招いた芸能人と話をする現代と違って、そのころは天皇に目通りを願えるのは、しかるべき官位のある人間に限られていた。お福はもちろん無位無官、とうてい天皇の前に出られる資格はないのだが、春日局《かすがのつぼね》という宮廷の女官名を貰って、後水尾の前にまかり出た。彼女を春日局というのはこのためである。

そんなにゴリ押しをして、お福が後水尾に拝謁したがったのはなぜか。内々家光の意を伝え譲位を思いとどまらせようとしたのだとも、幕府の威勢をもってすれば、無位無官の者でも天皇に会い、盃を貰うことができるところを見せつけたかったのだともいわれている。

もし、後水尾引留め策だったとしたら、これは全く逆効果だった。後水尾はその慣例無視に激怒し、

「どうしても譲位する」

と主張し、幕府へ断りもなく、さっさと位を興子に譲ってしまった。

幕府はもちろん、公家たちもほとんどが寝耳に水、

「えっ、女帝出現だって」

そんなことがあっていいものか、と首をかしげるばかりだった。

しかも、この突然の譲位は、決して後水尾の衝動的反抗ではなかった。ましてや嫌

がらせ、幕府いびりではない。後水尾はこのとき、心ひそかに一つの計画を持っていたのだ。

——譲位して院政を開くまでよ。

平安朝末期に出現した強力な院政の体制を作るのが、その狙いだったのである。なるほど、さすがである。院政期の上皇や法皇は、天皇の時のように儀式や行事にも縛られず、気ままな生活が楽しめる上に、年若いわが子の天皇に代って、強力な政治力を発揮できる。それを夢みて、後水尾はすでに院の役人の任命まで計画していた。

それと知って、幕府も反撃に出る。譲位した後水尾に献じられた経済的保障はわずかの三千石、

「何ごとも、先の後陽成院並みに」

と、院の御所の規模や人員の増加をぴたりと抑えてしまった。たった三千石では何ひとつできない。平安朝の強力な院政は、上皇や法皇が厖大《ぼうだい》な領地を握ったからで、しぜんその管理者になりたがる連中が、近臣としてその側近に群がったのだ。してみるとこの勝負、やはり軍配は幕府の方にあがったといえそうである。このとき、幕府は後水尾の譲位を事前に連絡しなかったという理由で、武家伝奏《ぶけてんそう》（幕府と朝廷の間の連絡にあたる役。公家が任じられる）の中院通村《なかのいんみちむら》を罷免《ひめん》し、一時は江戸へ呼びよせて

幽閉している。

かくて八百数十年来の女帝が出現する。和子が女の子を産んだばっかりに……いや、和子の産んだ男の子が死んでしまったばっかりに、渋々ながら、幕府は女帝の即位を認めなければならなくなる。これが明正天皇であり、後水尾の譲位によって、和子は女院となり、東福門院の院号が与えられる。

徳川幕府は「押えこみ政府」である。ここにあげた天皇家統制、寺社統制と同時に、大名にもきびしい締めつけを行ったのは周知のとおりだが、何といっても一番きびしい締めつけを行ったのは女に対してだった。それまでの日本の女は、かなり自由に生き生きとして、まず現代の女性くらいな権利は持っていたのだが、幕府は女性から結婚および離婚の自由、財産保有の権利を奪ってしまった。

その幕府が、女帝の即位を認めざるを得ないとは……これを歴史の皮肉というのだろう。以後、幕府は大あわてで女帝即位の前例の「オ勉強」を始め、かなり昔のしきたりに従った即位の儀式を行った。おかげで、後水尾までの簡素化された即位儀礼に比べて、ずっと豪華で、費用のかかったものになった。

——意地でも豪勢なものにしてやるゾ！

幕府はムキになったのだ。

それにしても、先の入内行列といい、興子の即位といい、何と和子という人は金を使わせるお方であることか。

——何もお金を使ってくれと言ったわけじゃないわ。

と御本人は言うかもしれないが、世の中にはそういう女性が案外いるものだ。いてもらわなくては困るし、いると何となくことが面倒になるというような……しかも本人が出しゃばって何かやるというタイプではないのでよけいに始末が悪い、というような……

歴史上にもそういう女性が何人かいる。これまでは、こうした人間はとかく霞《かす》みがちで、行動的な女性だけに注目が集まっている感じだが、私はこのごろ、こういう動かざる女性の意味も見直したい気持になっている。

彼女たちはいわば台風の目である。いやに物静かだが、やはり事件の中心であり、周囲にいろいろの影響を及ぼす。あるいは那須野《なすの》の殺生石《せっしょうせき》といってもいい。そこにあるだけで人々は毒気にあてられる。

殺生石という言い方はおだやかでないようだが、これは単なる譬《たとえ》ではない。和子のおかげで、じつは何人かの生命が闇から闇へ葬られているのだ。すなわち、後水尾が側近の女房をみごもらせると、その多くは、「おしころ」されたり「流さ」れたりしたという。和子自身が命じたわけではないにしても、その側近は常に目を光らせ、皇位を狙う皇子の出現を未然に防いでしまったのだ。

まことに優雅な殺生石――。

そういえば、後水尾もその毒気にあてられた一人というべきか。

ここで気になるのは後水尾と和子の関係である。いわば天敵どうしの結婚で、顔をあわせるのも嫌、という感じだったかといえばそうではない。和子はその後も毎年のようにみごもり、出産したり流産したりしているからだ（皇位につけるような男児は遂に生れなかったが）。

後水尾は幕府の手前、義務的に和子に接していたのだろうか？　そうすると彼女はひどく不幸な女性ということになるのだが、はたしてそうだろうか。こういうとき、案外心の痛みを感じないのが殺生石型女性の特色だからである。まわりは、

「お気の毒に」

と思うのだが、御本人は鈍感といってもいいくらい堂々としているのだ。ときにはあまり堂々としているので、周囲のほうがまいってしまう。上流社会に多いタイプである。

それに後水尾と幕府の関係も少しずつ好転していった。明正の譲位後、殺されずにすんで生き残った側室の皇子が次々即位し、形の上では後水尾は院政をとるようになったからである。もちろんかつての院政の権力には及ぶべくもないが。

幕府も後水尾の御機嫌とりには気を遣っている。現在の修学院離宮の造営もそれだが、権力とひきかえなら、このくらいのぜいたくはやむなし、と思ったのだろう。

幸福なような不幸なような和子は七十二歳で世を去ったが、その二年後、後水尾もなくなった。ときに八十五歳、天皇家の最長寿記録保持者だったが、一九八五年の七月、昭和の天皇さまがその記録を更新された。

大奥スキャンダルの女王

絵島

江戸時代随一の華麗なるスキャンダル――といえば、まちがいなく絵島生島《えじまいくしま》事件であろう。片や徳川幕府の大奥につとめる権威並びなき奥女中、中でもその総監督をつとめる大年寄《おおどしより》――といっても肩書を見て大変なオバンだと思ってはいけない。三十をわずかにすぎた美貌の独身女性である。

一方の生島新五郎《しんごろう》は、当時人気最高の歌舞伎役者。――つまりタレント・ナンバー・1、この二人がいわゆる「深い関係」に陥り、密通を続けていた、というのだから、江戸中の話題をさらうのは当然ではないか。

もし、そのころ週刊誌があったら、何トカ疑惑さながら、じゃんじゃん書きたて、たちまち部数は倍増うたがいなし、というところである。

もっとも妻の不貞、不倫、スターのスキャンダルに馴れっこになっている我々は、

「へえ、奥女中と役者？」

ナンってことないじゃないの、そんな組合せ、ちーとも新鮮じゃない、と思うかもしれない。

が、当時の感覚を以《もっ》てすれば、これはまさに、びっくり仰天の大々々大事件だったのだ。なぜかというに——。

まず奥女中には、厳重なセックス・コントロールが行われていたのだ。その彼女たちの中心人物が、こともあろうに、役者とまちがいを起すとは何たること！　というわけである。我々が新聞や週刊誌で読んで、またか、と驚く種類のスキャンダルとはわけが違うのである。

では、彼女たちは男との交わりを厳禁されていたのか。大奥というのは将軍家の夫人のいるハーレムである。奥女中はその夫人に仕える女性たち。将軍夫人は何人もいるから、奥女中の数もたいへんなものだ。そして彼女たちはこの花園に咲く雌花たち。雄花の侵入は一切許されない。もしものことで将軍以外の血が混ることがあるのを恐れてのことである。

この女中にもいくつかのクラスがある。またこの女中たちも自分に仕える女性を持っている。こうした小女は、何かと用事を言いつけられて城の外に出る機会もあるし、正式に宿下りを許されることもあるが、奥女中でもエライさんになると年中無休――。休暇をもらっての帰宅の機もめったにない。

この彼女たちの唯一の息ぬきは、自分の仕える夫人たちの身代りに、神詣《かみもう》で、寺参りに行くことである。このときは大っぴらで城外に出ることを許されるし、芝居見物などもお目こぼしにあずかる。

だから、彼女たちの芝居熱はすさまじい。このキモチも今のように何事も自由な時代には理解が困難だが、海外のロック・グループの来日に眼の色を変えるのが、ほぼこれに似ているかもしれない。彼らの場合は向うさまから出向いてくるのだが、何年に一ぺんの来日とあっては、ファンは燃えに燃え、広い会場で失神さわぎを起す。芝居小屋ゆきを許された彼女たちは、一月も前からソワソワ、舞台の上のひいき役者を見ては、失神しかねない有様だったろう。

つまり、人と離れ、世の中と離れてくらす彼女たちの、唯一のナウいたのしみはこの芝居見物だったのだ。しかも迎えいれる役者側もこのことは前以て知らされてあるし、自分の出番でないとき、座頭《ざがしら》といっしょに、彼女たちの席に挨拶しにくる。

このころは知ってのとおり、枡《ます》とか桟敷《さじき》での見物である。

「お客席にお食事の持ちこみは御遠慮くださいませ」

どころの騒ぎではない。豪勢な弁当、酒、菓子のたぐいが運びこまれ、挨拶に出た俳優にも、

「ひとつ盃を」

てな具合になる。まさに特権階級だ。いくら熱をあげても失神しても、世界の大タレントが、わざわざ自分の席に握手しにやってくるなんてことは全くない。

奥女中は、優越感にくすぐられて、いい気持になる。俳優と差しつ差されつ、座はいよいよしどけなくなる。俳優側も自分の紋を染めぬいた袱紗《ふくさ》だとか扇子だとかを献上するが、女中たちも、莫大な纏頭《はな》をばらまく……

——うれしい、いい気持！

肝心のお芝居の方は二の次、スターとの交流に夢中になってしまう。

そして、このとき、ひいきの役者との間が深まり、ひそかに連絡をとって、あいびきを続けるようになる……

絵島もこうして、いつか生島新五郎とぬきさしならぬ仲になってしまい、次の芝居見物の機会を待ちこがれるようになった。

すると、やがて、願ってもないチャンスがやってきた。正徳四（一七一四）年一月、将軍家継《いえつぐ》の時代のこと、絵島は自分の仕える家継の生母、月光院《げっこういん》の名代として、芝《しば》の

増上寺《ぞうじょうじ》にある先代家宣《いえのぶ》（家継の父）の廟《びょう》に詣でることになった。絵島の次の、年寄宮《みや》路《じ》は、その父綱吉《つなよし》の法会《ほうえ》のために上野へ――、それぞれ数十人の供を従えての寺詣りである。そして帰りには二組が合流し、百数十人がいっしょに山村座《やまむらざ》へとくりこんだのである。

ワイワイ、ガヤガヤ、酒を呑み、挨拶に出た役者とたわむれるうち、

「あらっ」

気がつくと門限ぎりぎりになっていた。

慌てていっせいに起《た》ちあがり、江戸城内に駆けこむが、中には酒に酔って気分が悪くなるものもあって、帰城には大分手間どった。百数十人の女中の乱痴気騒ぎ、おまけに門限違反！

さすがに大問題になって、絵島と生島の間もばらされた。二人が帯を交換しあっていたのが、動かぬ証拠になったという。「帯を解く」というのは、すなわち肉体関係を持つことだから弁明はきかれなかったのである。

たちまち大鉈《おおなた》が振われた。絵島については、

「大年寄でありながら、身の行《おこない》正しからず」

「つまらぬ奴を近づけ、賜暇《しか》の日には、ゆかりもない家に泊まった」

「芝居小屋に出入りし、俳優とむつみあった」

などという理由をあげ、

「死罪に当るところだが、特に一等を減じて永遠流《おんる》（無期限流罪）」

役者の側でも、当の生島新五郎が三宅島《みやけじま》へ流されたほか、座頭山村長太夫《ちょうだゆう》や座付作者どもも別々の島へ――。

一方、芝居小屋に手引きしたといわれる奥山喜内《おくやまきない》と絵島の兄白井平右衛門《しらいへいえもん》は死罪、そのほか喜内の兄で奥づとめの医師、奥山交竹院《こうちくいん》や、絵島の弟にあたる豊島平八郎《としまへいはちろう》や縁者の多く、奥女中数人、また芝居の接待などを受けもち、絵島にゴマをすって、大奥出入りの商人として甘い汁を吸おうとした商人たち等々、広範囲の人々が流罪や追放、改易《かいえき》、閉門などの罪に処せられた。思いがけない広範囲の断罪であった。

絵島の恋から生れたこの大騒動。

――ほんの火遊びが大火事になった！

と腰をぬかす者もいたろう。

――ぜいたく三昧《ざんまい》の奥女中だ。お灸《きゅう》をすえられていい気味！

と拍手する者もいたろう。

――いや、あれこそ真実の恋！　さまざまのタブーを踏みこえての恋だもの。

絵島の恋に同情する人もいたかもしれない。

おかげで、恋のヒロイン絵島は江戸時代大奥きっての有名人になってしまった。小説の主人公にも何度かなった。この場合たいていは生島新五郎とどんなふうに忍びあったか、に興味が集中する。スリルに満ちた逢瀬《おうせ》がいろいろ考え出される。男子禁制の大奥にどんなふうに忍びこんだか、ハイ・ミスだった絵島がどんなふうに新五郎にとろかされたか。絵島は真剣だったが、歌舞伎役者の生島新五郎は、案外お遊びだったかも……

＊

こんななまめかしい想像に、ザブリと水をかけるような事実を提供しよう。

このとき、新五郎は何歳だったか？

すでに四十四歳のシワクチャ・オジンなのだ！

いや、四十四なら男ざかり。

と思うむきもあるかもしれない。が平均寿命がやたらに延びた今の常識で考えてはいけない。四十すぎのオトコはもうオジーサンなのである。

もちろん役者は化けものだ。年をとっても十五世羽左衛門《うざえもん》などは水もしたたるよい男だった――というかもしれないが、とにかく分別くさい年頃の新五郎が、ホントに絵島を恋したかどうかになると疑問が出てくる。まして奥女中は禁断の木の実である。

――もし、バレたら？

えらいことになる、というブレーキが働かなかったかどうか……

もっとも、この見方に全面的に賛成するわけにもいかない。「絵島・生島スピード違反説」も十分成りたつからだ。

つまり、役者と人妻や、女中の恋のアヴァンチュールはザラにあるという考え方である。絵島と生島は、交通安全週間中に、運悪くスピード違反の検問にひっかかったようなものだ、というわけだ。

なるほど。

これも事実である。男の傾城《けいせい》買い、廓《くるわ》遊びと同じく、このころの女性の中に役者買いがあったことはたしかで、江戸時代には、陰間《かげま》茶屋《ぢやや》というのがあった。男色専門の売春宿ともいうが、男が女の相手をつとめるホスト・クラブ的働きもしていた。

考えてみれば、絵島は江戸時代の最高のキャリア・ウーマンである。大奥づとめ、女護《によご》が島などというと、それだけで異様な集団のように思われるが、彼女たちは、数少ない女性高級官僚である。将軍の夫人に仕え、その身の廻りの世話から、先に書いた代参など、仕事は多種多様の高級秘書官で、幕府から五百石、六百石といったレッキとした給料が出る。

しかも食事は大奥の費用で賄《まかな》われるし、季節ごとの衣服の下賜《かし》、ボーナスもある。それぞれ広い部屋をあてがわれており、そこには彼女専門の召使いがいて、絵島を、

「旦那《だんな》さま」

と呼ぶ。

せいぜい金が使えるのは身の廻りの品を買うぐらいだから、どんどん金はたまる一方。むしろ貧乏大名などより、手許《てもと》はずっと潤沢《じゅんたく》だった。大名は何万石といっても、それは藩財政、臣下への給与を含めてのことだから、実際自分で使えるのはしれたものだ。

絵島はしかも、格でいえば、幕府の老中格だ。この大キャリア・ウーマンがお金が遣えるのは、せいぜい代参後の芝居見物だけなのだ。彼女たちは身辺に仕える女たちに言う。

「さ、好きなだけおあがり、芝居を楽しむのは今日限りだよ」

ついでに自分も好きな役者でも買ってみようか、という気にならないものでもない。

そんなことに眼くじら立てる方がおかしい、という考え方も十分できるのだ。いつ

か秩父《ちちぶ》地方を廻っていたら、ある寺に石の地蔵がたくさん寄進されており、中には大名家の女中らしい名前を刻んであるものがあった。

それだけではもちろん推量の域は出ないのだが、誰かとの間に生れ堕《お》としてしまった嬰児《えいじ》への供養と考えられないこともない。あまり江戸の大奥や大名家の奥向きを、きびしくご清潔だとするのは考えもので、「スピード違反的軽犯罪」はあちこちに積っていたのではあるまいか。

門限違反もそうだ。建て前には必ずホンネ部分がかくされている。そういえば、以前、春日局が門限に遅れ、閉めだされたことがある。春日局は三代将軍家光の乳母《めのと》として、権勢類《たぐ》いない女性だったが、江戸城への帰りがおくれて一晩閉めだされてしまった。このとき、

「規則は規則ですから」

神妙にこれに従った、というので、子供のころに教科書で「規則を守るお手本」として読んだような憶《おぼ》えがある。

が、じつをいうと、これは門番の意地悪だったらしい。ともすれば乳母風を吹かせたがるオババどのに対して、

「イッチョウ、いじめてやれ」

と、ちくりと反撃を加えたらしいのである。とすれば、絵島の場合も門限に遅れたかどうかということより、周囲の反応を考えるべきである。

絵島の仕える月光院は将軍の御生母、まさに江戸城のトップ・レディである。当然その周辺の奥女中も肩で風を切って歩いていたかもしれない。とすれば、春日局の場合と同じく、女中たちの周辺には意地悪の眼が光っていたことだろう。

意地悪説にはまた別の見方もある。奥女中のお出かけには、必ず武士の付添いがつく。さほど身分の高い連中ではない。一種のボディ・ガードである。このガード・マンもなかなかがめつかった。奥女中のお出かけに便乗して、自分たちも甘い汁にありつこうとしていたのだ。

が、奥女中の中には勝気なのがいて、こうした連中と時には衝突した。例えば芝居見物などに行った場合、お供の侍たちも適当な場所で見物するのを当然の役得と心得ていたらしいのだが、

「そんな所へ入ってはいけません」

などと高飛車に文句をつける、というようなことがあったのではないか。

侍たちは当然おもしろくない。

「ふん、威張ってやがら」

それでも、

「御苦労さま」

とかなりのものを摑ませれば、

「う、むにゃ、むにゃ」

となるのだが、そのあたりの配慮も足りなかったかもしれない。

こう書くと、侍たちの心底がひどく卑《いや》しげに聞えるが、これは今の常識でいうところのワイロのたぐいではないのである。心付け、チップは今でも欧米ではホテルやレストランの常識になっているが、まずそういうものだと思っていい。じつはそれが彼らの生活の一部を支えているのである。

ちなみに――。この事件より少し前に起きた赤穂《あこう》義士の討入りも、発端は、礼儀指南の吉良上野介《きらこうずけのすけ》に対して、勅使饗応《ちょくしきょうおう》役を割りあてられた浅野内匠頭《あさのたくみのかみ》が、ワイロを送らなかったために意地悪されて――と、一方的に吉良上野が悪者にされているが、決してそうではない。吉良上野は、今の茶道の家元のようなもので、ノウハウを教授すれば、これに礼物《れいもつ》を贈るのは当然のことなのである。

これを浅野内匠頭はケチったのだ。しかも彼自身、この役は前につとめたことがあり、そのときに吉良上野にどのような礼をしたかわかっているはずなのに、そのあたりへの配慮が足りなかった。

つまり、当時は今と違った意味でのワイロ時代、チップ時代なのだ。が、これは飽《あ》くまでも「暗黙の了解」であって表面には出さないという大原則がある。しかしときに、この「暗黙の了解」が裃《かみしも》を脱ぎすて、開き直って登場することがある。

この侍たちへのチップ問題も「暗黙の了解」が火を噴いた一つだが、一方、絵島たちへのワイロの多さも逆噴射してきた。絵島たちをちやほやしていた商人たちの贈賄ぶりが明るみに出たのだ。当時の江戸城大奥は、大口需要者のトップである。

「なにとぞ手前どもにも御用を……」

もみ手して集まってくる商人はワンサといた。月光院お気に入りの絵島さまに取り入るためには、彼女たちの芝居見物は絶好のチャンスである。食事だ、酒だと趣向をこらして提供する。桟敷の手配、役者への心付け等々、至れり尽せりだったことだろう。

奥女中たちは付け届けには馴れっこだ。諸大名から月光院への献上品を分けあったり、もちろん直接の貰いものもあったり……。だから商人たちのサービスも同じことと、さほど気にとめなかった。現代の政治家や高官が何億とやら貰ったとか貰わないとか、噂されるのとよく似ている。聞いた方は腰をぬかすが、この世界ではよくあることだというではないか。

絵島の罪状に、

「そのしなをもえらばず、みだりに人を近づけ」

というのはこのあたりのことを指しているのだ。

それにしても「暗黙の了解」が揃って反乱を起したのはなぜか。それを探ってゆくと、すさまじい女の世界の相剋図《そうこく》が浮かびあがってくる。

家継の生母、月光院はもとお喜代《きよ》の方といい、家宣《いえのぶ》の妻ではあるが正室ではない。家柄もあまりよくなかったが、家継が後継ぎときまったころから、めきめき羽振りがよくなった。これを、

――くやしいっ。

と眺めていたのは家宣の正室、凞子《ひろこ》（後の天英院）である。彼女は都の公家でもトップ・クラスの家柄を誇る近衛《このえ》家の娘である。が、残念なことに自分の産んだ子は夭折《ようせつ》、しかたなしに自分に仕えるお須免《すめ》の方を側室としてさしだし、男の子を産ませたが、これも満二歳にならないうちに死んでしまった。

わずかに生き残ったのが、お喜代の方の産んだ鍋松《なべまつ》。これが家継である。家宣が死んでこの子が将軍になると、月光院と名乗るようになったお喜代の方は御生母というのでいよいよ勢いづき、一方の天英院の存在は影が薄くなってしまった。

た。

——何とか月光院の足を引っぱってやらねば……

天英院や侍女たちは、はじめは月光院その人を狙った。家宣の右腕だった間部詮房《まなべあきふさ》と月光院の仲が怪しいというような噂を流したようだが、さすがにこれは成功しなかった。

それで、絵島の芝居見物を火種に、スキャンダルをばらまき、大騒動に持っていった、と考えられる。そういえば、この事件が拡大してゆくのに、当時の実力者間部詮房は、あまり積極的に絵島を擁護した気配がない。

——ヘンに勘ぐられてはかえって損。

と計算したのか。それとも、

——ここは絵島に犠牲になってもらって、月光院を護らねば、幕府の屋台骨がガタガタになってしまう。

とあえて眼をつむってしまったのか。

世の中で汚職事件が起きると、起訴され有罪になるのはたいてい子鼠《こねずみ》で、大ものは、「自分は知らない」

と逃げてしまう。いや、そうなる前に逸早《いちはや》く揉み消しを行って知らぬ顔、部下の誰かさんが泥をかぶって世の批難を一身に浴びる、ということはよくあることだ。

すると、天永院と月光院のあられもない女の戦さの中で絵島は犠牲者になったのか。

＊

ところが、

「いやいや、そんな単純なものじゃない」

というのが、わが友杉本苑子さんである。先年、『絵島疑獄』という長編を発表したが、それによると、もっとどろどろした権力争いがからんでいるのだという。

たとえば、月光院の夫である六代将軍家宣。彼は叔父である五代綱吉の後継者としてきまっていたが、長いこと冷飯《ひやめし》を食わされてきた。

「次はそなたに」

と約束しておきながら、中途で綱吉の気が変り、後から生れた息子に将軍職を譲ろうとしたり、その子が早逝すると、娘の嫁いだ紀州《きしゅう》侯徳川綱教《つなのり》を後釜に据えようとしたり……。この婿も娘も病死したので、やっと念願叶って将軍の座につくことができたのである。

それだけに家宣は苦労人である。綱吉のぜいたく三昧でガタのきていた幕府の再建に乗りだした。若いころから在野の学者新井白石《あらいはくせき》を迎えて勉学に励んでいたし、家柄はよくないが政治的才能のある間部詮房も身辺に登用し、いよいよ将軍になると、彼らの意見を入れて、政治改革を断行した。

が、こうした革新政治は反感も呼ぶ。代々学者として幕府に仕えてきた林大学頭《はやしだいがくのかみ》信篤《のぶあつ》などは白石の登場がすこぶる面白くないのである。事ごとに両者は対立し、林派の意見はこのところ無視されてばかりいた。今まで東大中心の学歴社会が、突然、私学優先に切りかえられたようなものだ。官学系の猛反撥は想像がつく。

しかも家宣の治世は三年ほどしか続かず、五十一歳で病死してしまう。行革も臨教審も、手をつけたところで幕が降りてしまった。後を継いだ家継はたったの四歳、依然間部詮房と新井白石が側近にあったが、彼らの地盤もいささか怪しくなりつつあった。

間部の進出で旗色の悪かった幕府のエライさんたちも巻き返しをはかりはじめる。彼らにとって、この絵島事件は絶好のチャンスだった。

絵島事件で采配を振ったのは、老中秋元喬知《あきもとたかとも》である。女性ながらも幕府の高官である絵島を取調べるべきかどうか、これはたしかにむずかしい問題だ。ロッキード事件の灰色高官のことを想像すれば、秋元らの心情もほぼ理解できるだろう。

が、彼は遂に絵島の取調べに踏みきった。彼自身はなかなか剛直な人間だったらしいから、正義感もあってのことだろうが、しかし政治の渦の流れの中から見れば、間部、白石といった新興権力派と旧派の対決であることにはまちがいない。

そしてさらに——。

杉本さんによれば、ポスト家継の暗闘もからんでいるのだそうである。

病弱だった家宣の体質をうけて、家継もひよわな子だった。

——これは長いことないぞ！

早くも野心を燃やしはじめたのは、紀州と尾張の徳川家である。

紀州は綱吉時代、もう一息で綱教が将軍になれるところだったのを、無念にも取り逃した。今はその弟の吉宗《よしむね》が継いでいるが、綱吉は生前、この吉宗にかなり好意をいだいていたらしい。吉宗自身も腕も野心も十分の人物だから、早くも爪を研《と》ぎはじめた気配がある。

一方、尾張家に対して、先代の家宣は好意的だった。紀州家に危うく将軍職をさらわれそうになったことが彼を尾張家寄りにしたのかもしれない。

だから、家宣は死ぬとき、幼いわが子の後見役として、尾張の徳川吉通《よしみち》を指名した。

——わが子が万一の場合は吉通に将軍職を。

という含みがあったらしい。

ところが、である。家宣が死んでまもなく、吉通は二十五歳の若さで急死してしまった。

「——毒殺だ」

という噂が専《もっぱ》らだった。

お家騒動がからんでのことだが、吉宗の手が何らかの形で働いてなかったとはいえない。また紀州、尾張の両派は、筋を辿れば、それぞれ天英院、月光院に結びつく。こうなれば女のヤキモチどころの騒ぎではない。後々の徳川家の運命にもかかわってくることだ。

予想どおり、家継は早死するが、そこで登場するのは、まさしく紀州の吉宗。彼は将軍になったとたん、間部詮房も新井白石も追い出してしまう。彼らが行った政治改革がたちまち破棄されたのはいうまでもない。

それにしても、家継が生きている間から、早くも彼の後釜争いが始まっているとは何という冷酷むざん！　しかし考えようによっては、そんなことはごくあたりまえなのかもしれない。

げんに今だってポスト中曾根論は盛んではないか。やれニュー・リーダーだ何のと、票読みが始まってからでもずいぶんになる。そう考えると、現代と似ているところが、やたら目につく。とすれば行政改革も臨教審の結論も、白石や詮房の行った革新政治同様、やがて中途半端のままお流れになってしまうのだろうか。

さて、こうした野心のからみあいの中で絵島は狙い撃ちされたのだ。事あれかしと思う連中があまりに多すぎたために、彼女は一代のプレイ・ガールに仕立てあげられてしまったのかもしれない。

もちろん彼女の方にも手落ちがある。これについて、杉本さんはおもしろい見方をしている。

天英院と月光院の対立を、単に御台所《みだいどころ》と側室、正妻と将軍生母の戦いと見るのではなく、関西・公家派と江戸ッ子の対決と見ているのだ。

御本人がチャキチャキの江戸ッ子である杉本さんらしい見方だが、たしかに、天英院の周囲は京下りの侍女で固めている。自分の方が文化的には進んでいるという自信があるから、「なにごともすべて御所風に」という条件で江戸へ下ってきた。だから、化粧も王朝以来のお姫さまふう。アクセントも京風で、御所言葉、公家言葉で押し通していた。

ところが、月光院は江戸の生れなのだ。名前だけ見ると、えらく優雅だが、そのじつは陽気でさっぱりした江戸ッ子気質であったらしい。これに仕える絵島も江戸生れ、以下の女中たちも、ほとんど江戸育ちである。

京都側はあくまで優雅、しかし半面公家的な意地悪い素質も十分そなえている。思ったことをそのまま口にするたちではない。婉曲《えんきょく》で、含みのある言い廻しの知識は事欠かないであろう。

江戸ッ子は竹を割ったような気質――といえば聞えはいいが、考えが浅く、おっちょこちょい。万事大まかで、沈思黙考には程遠い。気っぷがよくて、はで好み。ちやほやされればすぐいい気になる。芝居見物も、もう少し慎重にやれば、つけ込まれる隙はなかったのに……

もし天英院側が芝居見物に行ったとしたら、そう簡単に尻尾を摑まえられるようなことはしないだろう。なのに絵島たちは大はしゃぎして、酒を下の桟敷《さじき》にこぼし、下にいた薩摩藩士に文句をつけられたりしている。だから、絵島は自ら墓穴を掘ったともいえるのだ。

さて、流され人の絵島の高遠《たかとお》での生活は、かなり辛《つら》いものだった。囲い屋敷には見張りがつけられ、勝手な行動は許されない。預った高遠藩も、前例のない女性高官の幽閉《ゆうへい》だけに、おっかなびっくり、待遇については、一々幕府にお伺いを立てている。

たばこが飲みたいといったら、与えてよろしいでしょうか。

硯《すずり》とか墨を所望《しょもう》したら、渡してもいいでしょうか。

幕府の答は常に「ノー」であった。食事は朝夕二食、一汁一菜、湯茶はいいが、菓子や果物はダメ。江戸城での豪勢な暮しとは何という隔《へだ》たりであろう。

それにしても、いくら原因を洗い直しても、絵島と生島の仲はホントはどうだったのか、事件の核心は遂にはっきりしない。絵島は彼を恋い慕って日を過したのか、それとも……

しかし、それがあたりまえなのである。政治がらみの事件は常にこんな形になってしまうのだ。絵島はつまりスケープゴートだ。いま外国から袋叩きになっている日本の黒字が、裲襠《うちかけ》を着て坐っているのだと思えばいい。

諸外国は、

――日本の黒字、それが悪い！

指さしてわめき散らしている。そこへ意見を集中させてわいわい騒ぎ、自分自身の問題点には知らぬ顔。それで何かが解決できたような顔をする。だから日本人は、いまはじめて、絵島の立場がよくわかるのである。

スケープゴートを作りあげる場合、とりわけセックスに関する問題で狙い撃ちするのは有効である。誰もが、

――あいつは悪い奴だ。

と簡単に思いこむ。狙い撃ちする方は腹の中を気取られず、正義の味方を気取ることができるのだ。

が、こういう問題には必ず裏がある。このことを絵島事件はよく物語っている。そういえば、戦前、名流夫人が、「桃色遊戯」とやらの理由で、多数警察にあげられたことがあった。こういうときは庶民よりもハイ・クラスのマダムを狙うと効果的だ。子供のころの私も、

——ま、名流夫人がアキレタ！

——やられていい気味。

などと思ったものだ。

一般民衆はこういうことがあると、いい政治をやってくれたような気がする。が、このあたりが陥《おと》し穴で、その後、治安維持に名を藉《か》りてしめつけがきびしくなり、軍備は増強され、日本は戦争に突入していったのだ。

そういえば、現代の日本の新聞にも、絵島事件的なものがチラホラしている。それに眼を奪われて、とんだことにならねばいいが……

華麗なるスケープゴート絵島は配所で二十八年も生きて江戸に帰れないまま死んだ。江戸ッ子絵島は、ほとんど半生近くをお江戸以外の空気を吸い続けたのだった。

あとがき

早いもので『歴史をさわがせた女たち』の第一冊めである「外国篇」を出版してから十四年経ちました。その間に「日本篇」「庶民篇」『歴史をさわがせた夫婦たち』とシリーズを続けるうち、思いがけないくらい版を重ねて、多くの方々に読んでいただけたことを大変うれしく思っています。

かわいい女子中学生から年配の方まで、感想のお手紙もたくさんいただきました。今までの歴史にはないおもしろさがあるとか、人間がいきいきしているので、歴史に興味を持ったというお便りを読みながら、私はそのお一人お一人と握手したい気持に駆られました。うれしいというより、私の意図したところを、はっきり読みとってくださったことに感謝したかったのです。

さて、久しぶりに『新・歴史をさわがせた女たち』をシリーズの中に加えることになりました。これは先のシリーズの中で書き残したヒロインというより、私が歴史にかかわり続けているうちに見えてきた新しい女性像をとりあげたものです。

歴史は休みなく流れ続けます。するとおもしろいことに、過去の歴史も違った角度から眺められるようになります。ここに登場する女性たちは、いわば歴史というプリズムの回転の中から、新しい光をあびて姿を現わし、

「はい、私たちはここにいます。私たちをみつめてください」

といっているのです。彼女たちにも、これまでのシリーズ同様、親愛の情をもって手をさしのべてくださいますように。

昭和六十一年秋　永井路子

解説

内藤麻里子

鎌倉時代が舞台の『北条政子』（一九六九年）、豊臣秀吉の妻おねねを描いた『王者の妻』（七一年）、細川ガラシャの愛と苦悩に迫る『朱なる十字架』（同）——。歴史を読み直した独自の視点で、女性史にも光を当てた歴史小説を数多く手がけた永井路子が、目にも鮮やかな女性たちの活躍と悲喜劇を自在な筆で教えてくれるのが本書『新・歴史をさわがせた女たち』である。おもしろくないはずがない。歴史の流れの中で人間味ある光芒《こうぼう》を放つ女性たちの姿に一気に引きこまれる。

永井路子は出版社勤務の傍ら小説を書き始め、一九六五年、鎌倉三代を描いた『炎環』で直木賞を受賞した。鑑真《がんじん》、藤原仲麻呂《なかまろ》、孝謙天皇らを軸にした『氷輪』（八一年・女流文学賞）、天台宗の開祖・最澄《さいちょう》の生涯を追った『雲と風と』（八八年・吉川英治文学賞）など古代、中世を中心に幅広い分野の歴史小説を発表。『炎環』など鎌倉時代を題材とした著作は七九年のＮＨＫ大河ドラマ「草燃える」に、『山霧 毛利元就の妻』

（九二年）『元就、そして女たち』（九六年）は九七年の大河ドラマ「毛利元就」として映像化された。最新の研究成果を取りこみ、正史や従来の人物像にこだわらない歴史観で人気を博した。二〇二三年、老衰のため九十七歳で亡くなった。

本書は「歴史をさわがせた女たち」シリーズの一作。同シリーズは切り口の斬新さ、語り口の軽妙さで発売されるや大ベストセラーとなった。一九七二年の「外国篇」から「日本篇」「庶民篇」「歴史をさわがせた夫婦たち」と続き、『新・歴史をさわがせた女たち』の単行本が刊行されたのが八六年のことである。その後シリーズは文庫化（文春文庫）を経て、まず二〇二二年に『歴史をさわがせた女たち　日本篇』新装版が朝日文庫から刊行された。今また改めて新装版になったのが本書というわけだ。

二〇二四年のNHK大河ドラマ「光る君へ」もきっかけの新装版ではあるが、名著を気軽に手に取れるのはよろこばしいかぎりである。ちなみに朝日文庫からは二三年に藤原道長の生涯を描いた永井の『この世をば』も刊行されている。こちらもまた人間臭い王朝絵巻で、面白いことといったらない。

ともあれ前作『歴史をさわがせた女たち　日本篇』には三十三人（厳密に言えば三十四人）もの女性が登場する。本作では十二人（厳密に言えば十三人）と数は減ったが、その分詳述されているのがうれしい。前作にはズバリ「光る君へ」主人公の紫式部が「高慢なイジワル才女」として登場しているし、ライバル清少納言も「ガク振りかざす軽薄派」として顔を出す。どちらもタイトルは散々だが、愛すべき女性たちとして紹介されている。本書でも紫式部が後宮で仕える藤原彰子の系譜を、「王朝の長寿VIP」という意表を突く側面から言及している。ドラマに出てくるかわからないが、彰子と同じ一条天皇の傍《そば》に侍《はべ》った藤原元子も「王朝の落ちこぼれ女御」というちょっと冴えない面に光を当てる。

そこで彰子だが、系譜というのは母方である。藤原穆子（源雅信の妻）――倫子（藤原道長の妻）――彰子（一条天皇の皇后）とたどると、それぞれ八十六歳、九十歳、八十七歳という長寿だというのだ。織田信長でさえ「人間五十年」と歌った時代の五百年近くも前のことである。驚くほど長生きだ。だが、彰子は長寿ゆえに藤原氏の繁栄を支えた功労者だと、この一編を通じて嫌というほどわかる。

また、その人生を彩る当時の宮廷貴族の生態があまりにも興味深い。例えば恨みを買わないために、倒した相手の関係者に手を差し伸べて怨霊防ぎをする大黒柱的な存在の女性が一族にはいたとか、後宮サロンは優雅さだけでなく、政治的な生臭さも兼ね備える場所だった（そうでなければ人々は集まらない）とか。こうした知見を惜しげもなく公開してくれる。

こうして本書で一人一人の顔を知り、「この人、実はこうなんだよね」とひそかに納得したり、解釈の差を楽しんだりするのは、ドラマを観る時の醍醐味《だいごみ》だ。そういえば、ドラマではお笑い芸人の秋山竜次が演じる藤原実資のことを「意地悪政治評論家」と言っているのもおかしい。

やや話は飛ぶかもしれないが、そもそも昔の歴史・時代小説を読んでいて、女性の描かれ方が気になっていた。とはいえ、もともとそう思っていたわけではない。パワー・ハラスメント、セクシャル・ハラスメントという言葉ができ、ジェンダーの問題が一般化されてからだから、ここ十年くらいのことだろうか。それまでは、三つ指ついて三歩下がっていようが、うまくいかない夫を黙って支えようが、いきなり料亭の仲居が武士に襲われようが、まあそんなものだろうと思って読んでいた。しかし、曇っていた目が洗われた現代からすると、どうにも違和感が生じてしまうのだ。よく女性作家からも聞く声だが、「いないよ、そんな女」なのである。

永井路子はこのシリーズを通じてパワハラ、セクハラという言葉すらない時代に、真の女性たちの姿を披露してみせた。実は、『歴史をさわがせた女たち　日本篇』が最初に連載されたのは一九六八年のことで、当時は「スーパーレディー外史」のタイトルであった。その後、一度単行本化されたのち改題・増補もされ、シリーズの一作として「外国篇」に次いで「日本篇」として単行本になった。つまり六〇年代から永井は女性問題への提起をしていたのである。『歴史をさわがせた女たち　日本篇』の「はじめに」にこうある。

「それらの女性に対する評価が、これまでと余りちがうので、不審な思いをされるかもしれません。／たとえば、史上指折りの悪女が、かわいそうな女性になっていたり、貞女が格下げになっていたり、美人が不美人になっていたり……。／けれども（中略）できるかぎり史料に忠実であることを心がけました。その結果、どうしてもこうなる、ということだけを書いたつもりなのですが、それがかえって従来の通説とはちがった結論をうみだしてしまったのです」

日本篇を書くにあたってのエクスキューズである。当時の社会は、こんなことを記さねばならなかったのだ。しかしその心配をよそに、同書はヒットした。当時の読者の多くは問題提起を気にもせず、ある種の怖いもの見たさというか、ゲテモノ食いの側面もあったかと思う。しかし自らの歴史観に従い、敢然と書いた作家に絶大な拍手を送りたい。

真の女性像に迫っているからこそ、今読んでもまったく古びていない。それどころか歴史の中の女性たちが生き生きと躍動し、小気味いい。そしてこれだけにとどまらず、永井はその元凶にも少々触れている。同じく「はじめに」の終盤でこう述べる。

「明治維新以来百余年、世の中のしくみも、ものの考え方もすべて変化した現代、私たちが江戸時代のものさしをありがたがる必要はさらさらありません」

江戸時代を難じているのだ。初版が八六年だった本書では、さらに厳しく指弾する。

「何ごとも男優先、男尊女卑もいいところ、その後遺症で現代にもなかなか平等がかちとれないという、いわば女にとっては恨みかさなるこの時代」と、江戸時代をあげつらう。こうも言う。

「徳川幕府は『押えこみ政府』である。ここにあげた天皇家統制、寺社統制と同時に、(中略)何といっても一番きびしい締めつけを行ったのは女に対してだった。それまでの日本の女は、かなり自由に生き生きとして、まず現代の女性くらいな権利は持っていたのだが、幕府は女性から結婚及び離婚の自由、財産保有の権利を奪ってしまった」

ようやく永井の意を正しく汲《く》む時代となった。時代が追いついたと言えよう。

本書では、徳川幕府が奪い取ったと永井が言う、女性の結婚および離婚の自由、財産保有の権利がかつてはあった様子を詳しく書いていく。王朝時代の「妻問い婚」における男女双方の結婚、離婚の自由さと、それができるのも女性が親の財産を受け継ぎ、夫の世話になっていなかったからである点を、紹介する人物は変われど繰り返し述べている。上西門院統子、八条院暲子という一般的には無名の二人が大富豪だった絡繰《からく》りを読み解いて見せもする。女性たちは政治や歴史に翻弄されながら、毅然《きぜん》として、あるいはたくましく、あるいは哀れさや愚かさもひきずりながら生きていた。その姿に接すると、なにやら元気が出てくるのだ。今、新装版が出された大きな意味は、実にここにある。

けれど、こんな理屈は脇に置いておいてもよかろう。それほどに正史を疑い、新しい研究成果を取り入れて、愛情を持ってみつめた歴史の中の女性たちの生きざまは波《は》瀾《らん》に満ちている。それをつづる永井の軽妙洒脱、余裕綽々《しゃくしゃく》の筆に酔えばいいのだ。

ところで、先ほど、書かれていることがまったく古びていないと言ったが、それは女性像に関してだ。執筆当時の世相を反映した説明部分は、蛇足ながら若干補っておいた方がいいだろう。

藤原彰子の「王朝の長寿ＶＩＰ」に、彼女の入内《じゅだい》の豪華さを表すのに「聖・輝の結婚二億円どころの騒ぎではなかったであろう」とある。「聖・輝の結婚」とは、アイドルだった松田聖子と人気スター、神田正輝の結婚のこと。一九八五年、本書の単行本が刊行される前年である。ＳＮＳなどない時代、テレビ、新聞、雑誌は大騒ぎだった。
東福門院和子を書いた「優雅なる殺生石」の冒頭に、「近ごろは、女帝や女王が大はやりである」として「ナントカ会の女王」「カントカデパートの女帝」と出てくる。これは、一九七〇年代から八〇年代にかけて起きた事件に絡む登場人物たちを指している。前者は政治家、田中角栄の秘書を務め、ロッキード事件後も金庫番として田中を支えた。後者は老舗百貨店・三越で起きた一連の不祥事の中で、その存在が明らかになった。

（ないとう　まりこ／文芸ジャーナリスト）